WERNER H. RITTER (Hg.)

Religion und Phantasie

Von der Imaginationskraft des Glaubens

Mit 3 Abbildungen

VANDENHOECK & RUPRECHT
IN GÖTTINGEN

Biblisch-theologische Schwerpunkte

BAND 19

Die Deutsche Bibliothek – CIP-Einheitsaufnahme

Religion und Phantasie: Von der Imaginationskraft des Glaubens /
Werner H. Ritter (Hg.) –
Göttingen: Vandenhoeck und Ruprecht, 2000
(Biblisch-theologische Schwerpunkte; Bd. 19)
ISBN 3-525-61385-7

Umschlagabbildung: Jakobs Traum von der Himmelsleiter,
Deutsche Historienbibel, um 1450, Sächs. Landesbibliothek –
Staats- und Universitätsbibliothek Dresden, Abt. Deutsche Fotothek
(SLUB Mscr. Dresd. A 50).

Gesetzt aus Sabon
Satz: Satzspiegel, Nörten-Hardenberg
Druck und Bindearbeit: Hubert & Co., Göttingen

Inhalt

III. RELIGIONSPÄDAGOGIK UND RELIGIÖSE PHANTASIE

Die Phantasie und die Bibel

Walter Jens

In Cesare Paveses Tagebuch „Das Handwerk des Lebens" (Il mestiere di vivere), einem Hauptbuch der Literatur unseres Jahrhunderts, findet sich unter dem Datum des 9. Oktober 1935 der folgende Eintrag: „Die Bewunderung für eine großartige dichterische Stelle gilt nie ihrer verblüffenden Geschicklichkeit, sondern der Neuheit der Entdeckungen, die sie enthält. Auch wo unser Herz vor Freude klopft, wenn wir ein Adjektiv finden, das mit einem Substantiv so glücklich verbunden ist, wie man das nie beisammen sah, ist es nicht das Staunen über die Eleganz der Sache, über die Behendigkeit des Verstandes, über das technische Geschick des Dichters, was uns berührt, sondern Verwunderung über die neue Wirklichkeit, die ans Licht gebracht ist."

Die in biblischer Prophetie enthaltene Botschaft mit Hilfe der Königin Imagination, wie Baudelaire die Phantasie genannt hat, neu zu beleuchten und bei der Lektüre eine ebenso nüchterne wie entzückte, sachlich *und* enthusiasmiert vorgehende Einbildungskraft walten zu lassen, darum geht es, nehmt alles in allem, den Autoren dieses Buches – Wissenschaftlern, die, grenzensprengend, darum wissen, daß im Bannkreis jener Phantasie, die, mit Pascal, *coeur* und *raison* verbindet, das Dogma spirituell (und nicht strohern-authentisch) sein und die vermeintlich bescheidene Erzählung herzbewegendes Pathos enthalten kann.

Im Bereich der heiligen Schriften sieht sich die rhetorische Trennung von Lehren, Unterhalten und Erschüttern aufgehoben; Kleines wird, phantasiegelenkt, zu Großem; Erhabenes sieht sich im Alltag konterkariert; Nähe und Ferne gehen ineinander über: Christus in den Himmeln (wann endlich wird im „Vater Unser" der kopernikanische Plural statt des ptolemäischen Singulars gebetet: der griechische Text lautet *en tois ouranois* und nicht *en to ourano*!) und Jesus im Staub, seiner Sache gewiß und gleichwohl angstgequält, fern von den Städten, in der Einsamkeit aller Nächte.

Ein Hymnus auf phantasievolles Lesen, wie es mehr als bisher geübt werden sollte. Gerade im Fall der „gantzen Heiligen Schrifft" rückt Heterogenes ins Blickfeld – hier die kleine agrarische Welt mit ihrem bescheidenen Arsenal um Haus und Hof herum, dort planetarische Unendlichkeit; hier die Brutalität von Folterung und ausgeklügeltem Mord, dort Witz und Burleske. Leser mit Phantasie sollen lachen, wenn sie sich den zwergwüchsigen Zöllner Zachäus vorstellen: wie er den Baum erklimmt, um den Augenblick nicht zu verpassen, in dem Jesus vorbeizieht. Der Steuereinnehmer als intelligenter (und wie sich zeigen wird frommer) Gesell: „Und so lief er, weit vor den andern, auf die Felder voraus und kletterte auf einen Maulbeerbaum: Hier kann ich ihn sehen! Hier kommt er vorbei!"

Buntheit und verwirrende Fülle, wohin man auch blickt, Widersprüche zuhauf: Man denke an den Märtyrer Petrus, der als Hallodri und Gladiator erscheint: immer vorneweg mit seinen großen Ankündigungen, immer der erste, dank seiner verwegenen Rede, und wenn's zum Schwur kommt alleweil der letzte: ein tollkühner Schwimmer, Schwadroneur, Ohrabschläger und Wettläufer – umsonst, umsonst! Und dabei: wie liebenswert ist dieser Mann, der, dank seiner Schwäche, zurecht der erste Papst gewesen sein mag.

Das wahrhaft verwegene Miteinander der Texte ist es, das phantasievolle Bibel-Spektakel, dem die Aufmerksamkeit der Sachwalter von Imagination und Einbildungskraft zu gelten hat: Nur keine gesenkten Häupter, wenn Groteskes, Absonderliches, ja, Provokantes ins Spiel kommt. (Viele Geschichten des Alten Testaments wollen schließlich wie homerische Parade-Szenen gelesen sein. Athene und Odysseus wären entzückt, hätten sie die Episoden gekannt, in deren Zentrum das Wunder von wahrhaft griechischen Beilagern steht.)

Phantasievolles Lesen weiß um das Wechselspiel von Demut und Spaß, ist der Genauigkeit verpflichtet, aber scheut sich auch nicht, Archetypen auszuschmücken, Weiterungen zu bedenken und Texte – verantwortlich natürlich, nicht beliebig – weiterzuerzählen: Möglichkeiten wollen hinter einsinniger Wirklichkeit bedacht werden, Andeutungen verfolgt, Konnotationen verdeutlicht, Denotationen spielerisch Plenipotenz gewinnen. Wie das geschehen kann? Sehr einfach. Man schaue als Liebhaber bedachtsamen Imaginierens genau hin, wie, von Luther über Johann Peter Hebel bis hin zu Kurt Marti, genuine Einbildungskünstler gearbeitet haben und stelle sich zum Beispiel vor, wie Luthers „Lied von der Heiligen Christlichen Kirchen" auf Ungeschulte, aber Phantasiebegabte (Jugendliche zum Beispiel, um die es in unserem Buch ja nicht zuletzt geht) wirken mag:

> Sie ist mir lieb die werde magd /
> und kan jr nicht vergessen /
> Lob ehr und zucht von ir man sagt /
> sie hat mein hertz besessen /
> Ich bin jr hold /
> und wenn ich solt /
> gros unglück han /
> da ligt nicht an /
> Sie wil mich des ergetzen /
> mit jrer lieb und trew an mir /
> die sie zu mir wil setzen /
> und thun all mein begir.
>
> Sie tregt von gold so rein ein kron /
> Da leuchten jnn zwelff sterne /
> Ir kleid ist wie die sonne schon /
> das glentzet hell und ferne /
> Und auff dem Mon /
> jr süsse ston /
> Sie ist die brawt /
> dem Herrn vertrawt /

jr ist weh und mus geberen /
Ein schönes kind den edlen Son /
und aller welt ein Herren /
dem ist sie unterthon.

Das thut dem alten Trachen zorn /
und wil das kind verschlingen /
Sein toben ist doch gantz verlorn /
es kan jm nicht gelingen /
Das kind ist doch /
den himmel hoch /
genomen hin /
und lesset jn /
auff erden fasst seer wüten /
die Mutter mus gar sein allein /
doch wil sie Gott behüten /
und der rechte Vater sein.

Das ist, um 1535 formuliert, eine freie Paraphrase aus dem
12. Kapitel der Apokalypse, ein Lied, das exemplarisch
zeigt, wie weit die königliche, gottgeschenkte Legitimation
den Leser führen kann. „Und es erschien ein gros Zeichen
am Himel. Ein Weib mit der Sonnen bekleidet." Die Worte
der Apokalypse stehen für Luther erst in der Mitte, nicht am
Anfang; zunächst spricht der große Weiterdenker von sich –
und das in der sachlichsten Weise: *Ich mag diese Frau, sie
ist unvergesslich für mich, wird mir helfen und mir beistehen
in aller Not und wird meinen Wünschen willfahren.* Ein Lie-
beslied, ein Minnesang, der Lobpreis eines frommen Mannes auf sein vertrautes Weib: So leise und zart, persönlich
und innig beginnt das Gedicht – der Hymnus eines Mannes
auf jene Frau, die für ihn die Einzige ist.
    Und dann plötzlich die Wendung von der Erde zum Him-
mel, in die Welt der Planeten. Phantasie erweitert Räume,
gibt dem Geschehen vielfache Bedeutungen: Wer ist die
Braut? Die Himmelskönigin? Die Mutter des Messias? Die
Kirche der Gläubigen – Inbegriff des Gottesvolks? Ihre Geburt wird auf jeden Fall schmerzvoll sein („jr ist weh" – der
vermeintlich alleweil zornige Reformator beherrschte, dank

seiner Empathie für alle Kreatur, den Wechsel der Töne wie kaum ein zweiter). Und das Entscheidende: die Vielgestaltige bleibt allein in ihren Qualen und der Angst vor dem Drachen. „Doch wil sie Gott behüten / und der rechte Vater sein": Das Lied endet zärtlich und familiär, wie es begann.

Welch eine Erweiterung der Apokalypse! Welch ein Darüberhinaus! Welche Polysemien: geliebte Frau, Himmelskönigin, Mutter, trostreiche Kirche, Behüterin des Volkes Israel – und all das entworfen mit Hilfe des großen, allumspannenden „Zugleich": So, denke ich, sieht, idealtypisch, die ins Produktive umschlagende Bibel-Lektüre aus – als Zeugnis gelenkter Kreativität.

Freilich läßt sich fragen, ob man mit solchem Lutherschen All-Bezugs-Spiel nicht in der Gefahr steht, der Beliebigkeit anheimzufallen und über dem phantasiereichen Agieren das Letzte, Eigentliche und Unverrückbare aus dem Blick verliert – das Eine, allen Erscheinungen zugrunde Liegende, über das mein Gewährsmann Cesare Pavese, inständig Zeichen setzend, meditiert hat: „Die Wahrheit ist diese", Eintragung vom 22. April 1935, „noch ist mir kein Stück der Welt durch den Geist hindurchgedrungen, indem es sich auf den Röntgenschirm in seiner wirklichen, seiner wesentlichen und metakörperlichen Struktur projiziert hätte. Ich bin noch nicht zu dem grauen, ewigdauernden Skelett gelangt, das darunter ist. Ich habe Farben gesehen, Gerüche geschnuppert, Gesten zärtlich geliebt, wobei ich mit einer eklektischen, die Dinge neu ordnenden Lust zufrieden war. ... Ich habe die Welt vereinfacht zu einer ... Bildergalerie mit kräftigen oder anmutigen Gesten. Das Schauspiel des Lebens ist auf jenen Seiten, nicht das Leben selbst."

Phantasievolle Liebe, entzückte Imagination: zu wenig für einen Autor, der immer aufs Ganze gehen wollte und zu wenig erst recht für einen Leser biblischer Texte, der, wie Pavese, hinter allen Erscheinungen strikte Verbindlichkeit sucht und das in jedem Satz? Ein Irrtum. Auch Dogmatik, Wolfgang Schoberth beweist es im vorliegenden Band überzeugend und mit einer Prise sokratischer List, kann sehr wohl phantasievoll sein. (Wäre sie es nicht, sie bliebe einschüchternd, fundamentalistisch – und langweilig dazu.)

Man schaue sich um und lese das Proömium des Johannes-Evangeliums:

> Am Anfang: ER.
> Am Anfang: Das Wort.
> Und Das Wort war bei Gott.
> Und was Gott war, war ER.
> ER: Am Anfang bei Gott.
> Durch Das Wort
> wurde alles.
> Nichts, was ist,
> ist ohne IHN.
> ER: das Leben.
> ER: das Licht
> für die Menschen.
> Das Licht in der Nacht:
> nicht überwältigt
> von der Finsternis.
> Das Wort
> war die Wahrheit.
> ER
> war das Licht,
> das jedermann leuchtet.

Scholastik? Dogmatische Wortklauberei? Im Gegenteil. Hochspirituelle Meditation; eine wahrhaft atemberaubende Ausfächerung (in diesem Sinn habe ich die Passage übersetzt) der Wechsel-Worte, Christus und Logos, von denen eins, seine Konkretion gleichsam schwebend, durch eine indirekt be-deutende Gleichsetzung gewinnt, die, anfangs unausgesprochen, sich von Zeile zu Zeile verdeutlicht, ohne aber jemals auf die Ebene simpler Ein-Sinnigkeit zu rücken. (Wolfgang Schoberth darf sich bestätigt fühlen: Eine Dogmatik vom Range der Johanneschen Logos-Theorie kann auf höchster Ebene den Rang von Poesie gewinnen.)

Fazit: Der erste Leser des Buchs sagt allen Mitarbeitern – dem Editor Werner H. Ritter voran – Dank, weil sie mit Hilfe ihrer theologisch-pädagogischen Überlegungen einen Begriff wieder in seine Rechte gesetzt haben, der, einerlei ob er nun

Imagination, Phantasie, Einbildungskraft oder, vor allem im 18. Jahrhundert, Witz genannt wird (zumal im Sinne von geistreicher Kombinatorik), die Erkenntnistheorie von Aristoteles bis Kant bestimmt hat, und die Poeten: Montaigne, Shelley, Lessing, Schlegel, Novalis, Jean Paul e tutti quanti waren ohnehin vorneweg, wobei es freilich verwunderlich bleibt, daß ausgerechnet derjenige, der, über die Jahrzehnte hinweg, mit Leidenschaft und Akribie seine Göttin Phantasie gefeiert hat: ihre Segnungen in gleicher Weise wie die mit ihrer Alleinherrschaft verbundenen Gefahren kennend, von den Literaturwissenschaftlern allenfalls en passant, in einem knappen Essay Eduard Sprangers zum Beispiel, gewürdigt worden ist: Goethe natürlich – wer sonst?

Dieser Mann ist der ein wenig im Hintergrund versteckte Spielmeister unseres Buchs; er wußte um die *all-pervadingness* (ein Lieblingswort Paveses) der Phantasie, pries ihre Fähigkeit, im schwebenden, ungleiche Dinge miteinander verbindenden Spiel, neue Wahrheiten zu entdecken, lobte jene Poesie der Einbildungskraft, die er von trockener Prosa abhob, sah in ihr die hohe Verwandlungskunst der Natur, nannte sie einen „wachen Traum", beschwor, weit entfernt von romantisch-vager Ubiquität, die ihm zeitlebens verhaßt war, die *Zucht der Einbildungskraft* (eine Zucht, wie wir sie auch Luther zubilligen werden) – kurzum, er nannte die Phantasie (nicht nur in sinistren Beamtentagen) aus gutem Grund seine *Göttin*.

> Welcher Unsterblichen
> Soll der höchste Preis sein?
> Mit niemandem streit' ich,
> Aber ich geb' ihn
> Der ewig beweglichen,
> Immer neuen,
> Seltsamsten Tochter Jovis,
> Seinem Schoßkinde,
> Der Phantasie.

Geschrieben anno 1780 als ein Nachklang zu den Gedichten der Sturm- und Drang-Periode und, ins Ernste gekehrt, bis in die Spätzeit bewahrt: „Zur Anschauung gesellt sich die Einbildungskraft", heißt es in einem Brief an Knebel vom Februar 1821, „diese ist zuerst nachbildend, die Gegenstände nur wiederholend. Sodann ist sie produktiv, indem sie das Angefaßte belebt, entwickelt, erweitert, verwandelt" ... und eben von solcher Metamorphose religiöser Phantasie ins Kreative handelt dieses libellum.

***

„Wenn der Herr die Gefangenen Zions erlösen wird …"

Von der Macht der Phantasie

Werner H. Ritter

Phantasie im theologischen Kontext zu gebrauchen ist eher ungewöhnlich, zum geläufigen christlichen Vokabular zählt sie jedenfalls nicht. Traditionell religiös geprägte Menschen haben Schwierigkeiten, ihren Glauben mit Phantasie und Einbildungskraft in Verbindung zu bringen. Phantasie gilt ihnen häufig als das glatte Gegenteil von Glauben und wahrer Religion, die ja im herkömmlichen Verständnis mit göttlichem Offenbarungshandeln zu tun haben. Und Nichtreligiösen, Nichtgläubigen gelten Glaube und Religion entsprechend häufig als pures Phantasieprodukt: Glaube sei „Einbildung".

Zum einen ist der Vorbehalt gegenüber Phantasie sicher darin begründet, daß in der Wissenschaft und im öffentlichen Leben Rationalität, kritischer Diskurs und Kritik das Denken bestimmen. „Rationalisierung" heißt das Stichwort, und zwar Rationalisierung des Denkens und aller Verhältnisse „bis in die letzten Winkel des Herzens und die äußersten Vorposten gesellschaftlicher Institutionen"[1] hinein. Nicht nur unsere Gesellschaft setzt immer noch sehr stark auf Vernunft, formale Logik, Wissenschaft und Technik, sondern auch in der Theologie rangieren Rationalität, Logik und Wissenschaftlichkeit, Historizität und Faktizität weit

---

1 D. Kamper, Wiederverzauberung der Welt?, in: A. Schöpf (Hg.), Phantasie als anthropologisches Problem, Würzburg 1981, S. 14.

vor Phantasie, Poesie und Ästhetik, sofern letztere dort überhaupt einen Platz haben. Natürlich hat das auch seine Vorzüge und Notwendigkeiten, wenn und weil der Glaube so nicht blind und die Theologie als Wissenschaft als vernünftig einsehbar erscheinen. Und doch setzt die Überbetonung der Rationalität Ambivalenzen, Defizite und negative Folgen frei. Max Weber, der Gründervater der modernen Soziologie, hat die fortschreitende Rationalisierung mit einer seltsamen Mischung aus Entdeckerfreude und Bedauern als „Entzauberung der Welt und Wissenschaft" (1959) bezeichnet, mittlerweile lehrt sie sensible Zeitgenossen das Fürchten, weil uns in diesem Prozeß offensichtlich Symbolisches, Ästhetisches, Gestalthaftes, Inspiration und Emotion verloren gegangen sind, sprich: die Phantasie und ihre existenzbestimmende Leistung produktiver Einbildungskraft.

So kommt es nicht von ungefähr, wenn Menschen und Wissenschaftler bei aller Vernunftorientiertheit und Fortschrittsgläubigkeit der letzten Jahrzehnte in ganz unterschiedlichen Kontexten sich rückbesinnen auf andere Bestandteile menschlicher Wirklichkeit, wie sie uns im bildnerisch-ikonographischen und metaphorischen Weltwahrnehmen, in Ästhetik, Vorstellungs- und Erfindungsgabe begegnen, weil von ihnen ganz eminente Wirkungen auf unser Leben und unsere Wirklichkeit ausgehen.

Diese werden seit geraumer Zeit in Kunst, Literatur und in der Medienwelt wiederentdeckt. In fiktiver Realität, virtual reality und phantasy world werden die Grenzen zwischen sogenannter realer Wirklichkeit und Fiktion schwimmend, denn die Computer- und Softwareindustrie schafft Phantasie-Welten im Cyberspace, die aus dem Rechner kommen. Man hat den Eindruck, daß „die Wirklichkeit selber zum Ensemble des Fiktiven sich wandelt" (Odo Marquard), Phantasien wiederum Realitätsansprüche anmelden. So seien die „Derealisierung von Wirklichkeit" und die „Neurealisierung in der Phantasie" Indikatoren[2] für die Umbruchsituation, in der wir leben.

---

2 A. Schöpf, in: ders. (Hg.), Phantasie als anthropologisches Problem, a. a. O., S. 7.

Aber: Wer Wahrnehmung und Erkenntnis meint mit reiner, stringenter Rationalität „einfangen" zu können, verliert hier gerade Dimensionen der Wirklichkeit aus den Augen. Nicht, daß man per ratio nicht zur Wirklichkeit käme; aber die Wirklichkeiten, welche uns Phantasie, Poesie und Ästhetik erschließen, scheinen dem Rationalen zu entgehen, weil „das rein Rationale die Fülle von Sinnhaftigkeit nicht erfassen kann"[3]. Zeit also, daß auch evangelische Religion und Theologie diese Dimensionen wiedergewinnen? Ich meine ja. Freilich fällt dies dem Protestantismus mit seiner Skepsis gegenüber allem Fiktionalen, dem Bildlichen, dem Poetischen und Gestalthaften und mit seiner Betonung von Wort, Geschichte und Innerlichkeit ausgesprochen schwer. Doch leben Christinnen und Christen nicht allein vom Wort, auch nicht von der „Logik der Theologie" und von Dogmatikroutinen, sondern wesentlich vom ästhetischen Erleben her, von Geist, Inspiration und Phantasie.

Aber könnte es nicht sein, daß sich Theologie und Religionspädagogik mit der Phantasie eines ihnen von Haus aus eigentlich fremden Themas annehmen, um nur ja den Anschein zu erwecken, auf der Höhe der Zeit zu sein? In der Tat mag jemand auf den ersten Blick den Eindruck haben, Phantasie sei eigentlich gar kein „echtes" theologisch-religionspädagogisches Thema. Wäre dem so, dann bewiesen Theologie und Religionspädagogik mit dieser Inbrauchnahme von Phantasie nur ihr Geschick, eine ihnen eigentlich fremde Sache zur eigenen zu erklären. Daß dem *nicht* so ist, sondern Theologie wie Religionspädagogik hier ein Wort bzw. ein Phänomen aufnehmen, das seit langer Zeit zur Geschichte und Gegenwart des Glaubens und der theologischen Tradition gehört, ist *ein* wichtiges gemeinsames Argument der ansonsten unterschiedlich ausgerichteten Beiträge im folgenden.

Am Ende des 20. Jahrhunderts verliert, wie es aussieht, Religion als Organisation und Institution ihre Attraktivität, als Ort und Hort religiöser Erfahrungen, Inspirationen und

---

3 E. Grassi, Die Macht der Phantasie, Frankfurt/Main 1984, S. XIX.

Visionen stimuliert sie die Phantasie von Menschen aber weiterhin und macht einen gewichtigen Teil unseres kulturellen Gedächtnisses aus. Phantasie soll dabei bewußt anders verstanden werden denn als Gaukelspiel und Phantasterei, nämlich als ein pointierter, aber adäquater Ausdruck religiösen Bewußtseins und eine legitime Gestalt des Glaubens und der Religion. Es läßt sich nämlich leicht zeigen, daß Phantasie, wenn auch noch nicht unter diesem Namen, sich vielfältig in biblischen Texten bemerkbar macht, und dann beizeiten als Wort, Begriff und Phänomen ein relevantes Thema in der philosophisch-theologischen Debatte der vergangenen Jahrhunderte war und wieder ist. Dabei kann sich die neuzeitlich so wichtig gewordene schöpferisch-produktive Einbildungskraft zumindest insoweit dem christlichen Glauben verdankt und verwandt wissen, als dieser sich den Menschen als Ebenbild Gottes, des Schöpfers, selbst mit schöpferischen Fähigkeiten, also auch mit Phantasie begabt, vorstellt. Freilich ist Phantasie, wie E. Rolffs bereits vor über 60 Jahren feststellte, „eine umstrittene Größe – umstritten nach ihrem Wesen, umstritten nach ihrem Wert –, unbestreitbar ist aber ihre Macht im Leben des Menschen und der Menschheit"[4]. So soll im folgenden nach dem „Wesen" (religiöser) Phantasie und ihrem Verständnis, nach ihrem Wert und ihrer Bedeutung und nach ihrer Macht in der Auseinandersetzung mit der Wirklichkeit gefragt werden, wobei Einbildungs- oder Imaginationskraft andere Wörter für Phantasie sind. In dem Sinne wollen die nachstehenden Beiträge Religion und Glauben von ihrer belebenden und wirklichkeitsbildenden Dynamik her erschließen.

Inhaltlich geht es in den folgenden Beiträgen nicht allgemein um irgendwelche Phantasien, sondern um solche im kulturellen Kontext des jüdisch-christlichen Glaubens. Über Phantasie sollte nicht abstrakt theoretisiert, sondern sie sollte im Rahmen jeweiliger sachlich-fachlicher bzw. kontextueller Einbindungen entdeckt werden. Ferner ist es das Bestre-

---

4 E. Rolffs, Die Phantasie in der Religion, Berlin 1938, S. 11.

ben, „Phantasie und Religion" nicht allein über biblische und dogmatische Ansätze zu bearbeiten, sondern den Blick auch auf die (religiöse) Phantasie von Kindern, von Menschen einst und heute zu lenken im Sinne zu schulender Wahrnehmungsfähigkeit. Deswegen fragen einige Beiträge nicht nur nach biblischen und dogmatischen Aspekten der Phantasie, sondern verstärkt – und komplementär – nach der religiösen Phantasie heutiger Menschen, weil es allein mit der Weitergabe übermittelter religiöser Phantasie nicht getan sein kann, so sehr sie uns als Inspirationsquell, Schatzhaus und Reservoir für religiöse Phantasie in unserer Zeit unersetzlich ist.

Wo Phantasie negativ präjudiziert ist, kann sie keine positive Bedeutung haben. Auch wenn der Begriff immer noch vermieden wird, verweisen zahlreiche Äquivalente/Ersatzwörter auf ihn wie: Imagination, Einbildungskraft, Intuition, Schöpferkraft, Kreativität, Fiktionalität und Vision. So waren die Mitautorinnen und -autoren gebeten, den Begriff nicht definitorisch einzusperren, sondern ihn phantasievoll, produktiv-erfinderisch, kreativ und inspirierend zu gebrauchen. Die Beiträge sollten einladend und phantasiereich Bedeutung und Funktion von *Phantasie und Religion* exemplarisch erheben und zur Phantasie Lust machen.

Das Buch hat sein Ziel erreicht, wenn es nach biblischen, literaturwissenschaftlichen, systematisch-theologischen und praktischen Erkundungsgängen einlädt und Lust weckt zum eigenen phantasievollen Umgang mit Gott, dem christlichen Glauben, biblischen und religiösen Textwelten.

Am Ende ist Dank zu sagen: den Autorinnen und Autoren für Ihre Bereitschaft zum konzertierenden Teamwork, den Mitarbeitenden an meinem Lehrstuhl für Logistik und – wie könnte es bei einem solchen Werk anders sein? – für Kreativität und Phantasie!

Der Evangelisch-Lutherischen Landeskirche in Bayern und besonders der Universität Bayreuth gilt mein Dank für namhafte Druckkostenzuschüsse.

Bayreuth im Mai 2000   *Werner H. Ritter*

I.

BIBEL UND PHANTASIE

Von der Phantasie in der Bibel

Einladung in den Glaubenskosmos Gottes

Markus Müller / Ulrike Schorn

1. Vorüberlegungen

Wer von der Phantasie in der Bibel redet, begibt sich auf ungewohntes Terrain und sorgt für Irritation. Allzu nahe liegt der Verdacht, hier würden Glaubensinhalte der Bibel ins ‚Phantastische‘, ja Unglaubwürdige aufgelöst und die Schrift damit bedeutungslos und unverbindlich gemacht für das Glaubensleben derer, für die sie einst geschrieben wurde und denen sie noch heute ‚hoch und heilig‘ ist.

Diese Befürchtungen sind vor allem da denkbar, wo der Zusammenhang von Phantasie und Wirklichkeit im herkömmlichen Verständnis nicht mehr evident ist, weil Phantasie als Illusion aufgefaßt und damit der Wirklichkeit gegenübergestellt wird. Schon bei Aristoteles aber gilt die Phantasie als Bezeichnung für das Vermögen, sich Bilder der Wirklichkeit, derer sich das Denken bedient, anschaulich vorzustellen. Insofern bleibt Phantasie ohne Bezug auf bekannte Strukturen letztlich ebenso unverständlich wie umgekehrt freies und kreatives Denken das unerläßliche Gegenüber zu fixierten Sprach- und Denkstrukturen ist, weil durch die Phantasie die Denk- und Handlungsmöglichkeiten erweitert werden.

Solchermaßen kann von Phantasie in der Bibel gesprochen werden, wenn ihrer Definition eine Polarität von ‚Phantasie und Kalkül‘ nach sprachwissenschaftlichem Verständnis zugrundegelegt wird[1]. Die moderne sprachtheoretische Diskussion hat gezeigt, daß es zu kurz greift, Sprache auf ihre abbildende Funktion zu begrenzen. Ihr ‚Funktionsspektrum' ist reicher. Sie läßt ebenso die Möglichkeit zu, in der Gebundenheit unseres Vorstellungsvermögens an die Sprache und deren Grammatik mit innovativen Gedanken zu rechnen, die selbst eine neue ‚Wirklichkeit' schaffen, ja von solcher Wirklichkeit herkommen.

Ein solches Verständnis von Sprache widerlegt die Vorstellung, es gehe bei biblischer Phantasie nur um den Bilderreichtum orientalischer Erzählkunst einer vergangenen schriftstellerischen Epoche, die für das Leben ihrer Leserinnen und Leser heute bedeutungslos bliebe. Die Phantasie in der Bibel ist viel mehr als das bildhafte Wahrnehmen bzw. die bildhafte Kreativität des Menschen. Sie ist das durch Gott ermöglichte Handeln und Denken: Die phantasievollen Bilder, Aussagen und Handlungen in der Schrift stellen eine legitime, der Offenbarung entsprechende Möglichkeit der Gotteserkenntnis dar, weil das Moment von Gottes Sehen und die Phantasie der biblischen Autoren als kreative Darstellungskraft da zusammenspielen, wo biblische Texte als Ausdruck der Inspiration des Blickfeldes des Glaubens und damit letztlich als Gottes Sich-sehen-lassen verstanden werden.

Man erinnere sich nur an die eindrucksvolle Verwendung von Bildern und Motiven im Bereich der Prophetie und der Psalmen, die traditionell festgelegten Mustern und Verstehenshorizonten entgegengerichtet werden[2]; die berühmten

---

1 Zur Begrifflichkeit siehe H. J. Schneider, Phantasie und Kalkül. Über die Polarität von Handlung und Struktur in der Sprache, Frankfurt am Main 1992, S. 28.

2 So richtet sich z. B. Amos in 5,18–20 offensichtlich gegen die falsche Vorstellung seiner Zeitgenossen vom kommenden Tag des Herrn, der als ein Tag des Heils erwartet wird, und benutzt neben dem Gegensatzpaar von Finsternis und Licht auch eine knapp geschilderte, aber um so eindrücklichere Verfolgungssituation durch gefährliche Tiere, um die Unausweichlichkeit des kommenden Unheils zu verdeutlichen: „Weh denen, die des HERRN Tag herbeiwünschen! Was soll er euch? Denn des HERRN Tag ist Finsternis und nicht Licht, gleichwie wenn jemand vor einem Löwen flieht, und der Bär begegnet ihm und er kommt in ein

Satzabbrüche in den Briefen des Apostels Paulus (vgl. 2. Kor 5,12; 12,17; Gal 2,6) und die kreative Freiheit, mit der die Evangelisten mit den ihnen überkommenen Jesus-Traditionen, Erzählungen seiner Worte (so findet sich neben der bekannteren ‚Bergpredigt' in Mt 5–7 auch eine in den Mund Jesu gelegte ‚Feldrede' in Lk 6; sie unterscheiden sich nicht nur jeweils hinsichtlich ihres Umfangs und Inhalts, sondern auch hinsichtlich ihrer jeweiligen Bedeutung für die entsprechende Evangelienschrift) und Taten (so ist die Speisung der großen Volksmenge im Markusevangelium gleich zweimal mit unterschiedlichen Mengenangaben erzählt: Fünftausend in Mk 6,30–44 und Viertausend in Mk 8,1–9) umgehen; ja selbst die Interpretation des Alten Testaments im Neuen Testament gehört hierher[3].

Die Phantasie der Bibel erweist sich damit von selbst als Impuls für die Exegese. Und sie ist insofern echte Phantasie, als sie nicht an vorgegebene Bilder bindet, sondern Raum eröffnet und einlädt zu eigener geistiger und sinnlicher Freiheit im Umgang mit der Schrift.

Beim Umgang mit biblischen Texten wird dann aber deutlich, daß das Sehen Gottes in Phantasie und die Begabung der Menschen mit Phantasie im Blick auf Gott einander entsprechen. In der Phantasie der Bibel legt Gott selbst seine Hand auf den Menschen[4] und schließt ihn ein in seinen Kosmos.

Haus und lehnt sich mit der Hand an die Wand, so sticht ihn die Schlange! Ja, des Herrn Tag wird finster und nicht licht sein, dunkel und nicht hell."

3 Sie ist insofern phantasievoll, als z. B. Paulus Ps 18,5 (nach dem griechischen Alten Testament), in dem das Lob auf die Schöpfung und auf die Tora miteinander verbunden sind, in einen völlig neuen Verstehenshorizont stellt: Das unhörbare Lob der Schöpfung („ohne Worte und ohne Reden", V. 4) zeigt für Paulus aus dem Erfahrungszusammenhang seiner Mission heraus „die Erfüllung der prophetischen Ansage der Schrift, hier von Ps 18,5", an (so F. Mußner, Die Auslegung des Alten Testaments im Neuen Testament und die Frage nach der Einheit der Bibel, in: Nur die halbe Wahrheit?, hg. Chr. Dohmen/F. Mußner, Freiburg u. a. 1993, S. 75–121, hier: S. 82).

4 E. Thurneysen, Rechtfertigung und Seelsorge, in: Zwischen den Zeiten 6 (1928), S. 197 ff., hier S. 209.

So laden wir ein zu einer Entdeckungsreise in die Phantasie der Bibel, in den Glaubenskosmos Gottes. Denn die Bibel nimmt den ganzen Menschen ernst und spricht ihn als solchen auf Gott hin an: Herz und Verstand, *ratio* und Einbildungskraft sind gefordert, sich Gottes Anrede gefallen zu lassen.

2. Von der Phantasie im Alten Testament

Wer würde bei der Phantasie im Alten Testament nicht sogleich an die längst in das Vokabular des Glaubens und der Kirche eingegangenen phantasievollen Bildworte und Metaphern der weisheitlich-hymnischen Teile des Alten Testaments – insbesondere der Psalmen – oder auch an bekannte Prophetenworte denken? Die Vorstellung vom gläubigen Schäfchen und seinem guten Hirten, die von Ps 23 her in die Lied- und Gebetssprache eingegangen ist und auch heute noch als ein Bild für tiefes Gottvertrauen gelten kann, ist hier neben vielen anderen Bildern der Psalmen ebenso beispielsweise zu nennen wie das Motiv des blühenden Mandelzweigs aus der Berufungsvision des Jeremia (Jer 1,11–12: hier steht der erwachende Mandelzweig für das Wachen Gottes über sein Wort), das umgeformt und neugedichtet von Schalom Ben Chorin zum poetischen Ausdruck der Hoffnung wider den Krieg und für den Frieden wird und inzwischen zu einem modernen Kirchenlied geworden ist (EG 659: „Freunde, daß der Mandelzweig"). Unausgesprochen wird die dort vorgefundene Phantasie der Sprache als Ausdruck des Glaubens nicht nur akzeptiert, sondern als ein besonderer Schatz angesehen, dessen sich der Glaube auch heute bedienen kann.

Anders aber verhält es sich, wenn es um die Anrede und Offenbarung Gottes selbst geht. Hier von der Phantasie Gottes zu reden, wird zumindest ungewöhnlich klingen – und das nicht nur im Rahmen des alttestamentlichen Bilderverbotes. Und doch taucht die Phantasie Gottes unvermutet immer wieder auf, wo er in den Texten des Alten Testaments den biblischen und uns heutigen Menschen begegnet. Gott

26

läßt sein Antlitz damals wie heute nicht sehen, aber er lädt uns ein, seinen Spuren phantasievoll hinterherzuschauen und ihn so zu erkennen. Dies wird aus Ex 33,20–23 deutlich, wo Gott Mose in einen Felsspalt stellt, um ihn zu schützen, als er mit seiner Herrlichkeit an ihm vorbeigeht. Nachdem er vorübergegangen ist, spricht Gott: „Ich will meine Hand von dir tun, und du darfst hinter mir her sehen; aber mein Angesicht kann man nicht sehen." Dieser Einladung folgend wollen wir uns hier auf den Weg machen und Spuren der Phantasie Gottes in erzählenden und prophetischen Texten entdecken.

2.1. Gott läßt sich sehen: Genesis 18

Wo im Kontext des Alten Orients ein Gott den Menschen erscheint, geschieht dies meist in Form einer Theophanie, in der Macht und Glanz des einherschreitenden Gottes prunkvoll beschrieben und durch Naturerscheinungen begleitet werden. Auch im Alten Testament findet sich diese Form der Gotteserscheinung, z. B. in Ps 68, wo der von einem großen Gefolge begleitete Einzug des Himmel und Erde mit seiner Macht erfüllenden Gottes Israels in sein Heiligtum geschildert wird. Und doch scheint eine andere, leisere Art der Gotteserscheinung für das Alte Testament typischer zu sein, da nämlich, wo Gott als persönliches Gegenüber auftritt und mit den ihm verbundenen Menschen hörbar, wenn auch nicht sichtbar, in ein Gespräch eintritt.

In der Erzählung von Gen 18[5] findet sich in diesem Zusammenhang eine Theophanie bzw. Gotteserscheinung ganz be-

---

5 Literarisch gesehen handelt es sich bei den Abrahamerzählungen von Gen 18-19, die mit dem heiligen Hain von Mamre in der Gegend von Hebron und mit dem Gebiet südlich und östlich des Toten Meeres verbunden sind, um „judäisches Sondergut" innerhalb des sog. Jahwisten (O. Kaiser, Grundriß der Einleitung I, Gütersloh 1992, S. 67). Eine genaue Datierung der Erzählungen ist kaum möglich, da mit Bearbeitungen der jahwistischen Schicht bis in die persische Zeit zu rechnen ist.

sonderer Art, die sich letztlich als unverwechselbar für die Phantasie Gottes im Alten Testament erweist. Der Besuch der drei Männer bei Abraham in Mamre und ihre gastliche Aufnahme erinnert zwar an ein beliebtes Motiv antiker Gottesbegegnungen, hebt sich aber gleichzeitig klar von ihnen ab.

So erscheinen die Götter vor allem in der griechisch-römischen Mythologie geradezu sprichwörtlich oft in Menschengestalt[6], lassen sich von Menschen bewirten, und erproben sie dadurch, um sie zu belohnen oder zu bestrafen:

In der aus Ovid (Metamorphosen 8,620–724) bekannten ursprünglich phrygischen Volkssage von Philemon und Baukis kehren beispielsweise Zeus und Hermes als müde Wanderer in die Hütte der gastlichen Alten ein. Während sie von den anderen Bewohnern der Gegend abgewiesen wurden, finden sie hier herzliche Aufnahme. Deshalb verwandeln die Götter, als zur Strafe für die anderen eine Flut die Gegend zerstört, die Hütte von Philemon und Baukis in einen Tempel, an dem die beiden als Priester Dienst tun und bei ihrem gleichzeitigen Tod in eine Eiche und eine Linde verwandelt werden.[7] Kennzeichnend für diese und andere antike Mythen und Sagen mit dem Thema des Götterbesuchs ist also das Schema der Belohnung von anständigem und ehrerbietigem Verhalten. In der alttestamentlichen Geschichte von Gen 18 wird Sara zwar zunächst ihrer Rolle als Gastgeberin gerecht, verhält sich jedoch ansonsten nur bis zu dem Punkt anständig und ehrerbietig, wo die Boten anfangen zu sprechen. Als diese die an sich feierliche Ehrfurcht gebietende Gottesrede beginnen, verfällt Sara in das Gegenteil: Es macht die Phantasie dieser Erzählung aus, wie lebensnah und unfeierlich das Verhalten Saras geschildert wird, die heimlich hinter dem Zeltvorhang lauscht. Nicht nur, daß Sara über die Ankündigung eines Sohnes, der ihr und Abra-

6 Vgl. dazu die Aussage der Odyssee XVII 485–487: „Denn auch selige Götter, in wandernder Fremdlinge Bildung, jener Gestalt annehmend, durchziehen oft Länder und Städte, daß sie der Sterblichen Frevel sowohl als Frömmigkeit schauen."
7 Für andere Beispiele vgl. C. Westermann, Genesis. 2. Teilband Genesis 12–36, Neukirchen-Vluyn 1981 (BK.AT I/2), S. 332–335.

ham geschenkt werden soll, lacht[8]. – Nein, was sie redet, ist an Deutlichkeit nicht zu überbieten: Sara und Abraham sind sowohl physisch als auch psychisch weit jenseits von Liebesbeziehung und Zeugung. So amüsiert sich Sara herzlich über das Gesagte. Und wieder zeigt sich die Phantasie, mit der Gott sich sehen läßt: Erst an dieser Stelle und auf die Reaktion Saras hin wird im Text wirklich aufgedeckt, daß durch die Boten Gott selbst spricht. Und es entspricht der göttlichen Gnade, daß Sara nun, anders als es in einer antiken Sage der Fall wäre, nicht bestraft wird (das Versprechen des Sohnes wird gerade nicht zurückgenommen). Vielmehr bringt ihr ungebührliches Verhalten die Verheißung erst deutlich hervor. Nun erst wird den beteiligten Personen, ebenso wie den heutigen Leserinnen und Lesern deutlich, daß bei Gott nichts unmöglich ist. Und im letzten Satz der Geschichte wird Sara, die bis dahin nur im Hintergrund agierte (sie lacht hinter dem Zeltvorhang, spricht zu sich selbst, während der HERR mit Abraham über ihr Verhalten diskutiert) zur direkten Adressatin Gottes: Sie versucht durch Leugnen des Lachens sich selbst wieder in den Hintergrund zu drängen und ihr Verhalten rückgängig zu machen, Gott aber spricht nun direkt zu ihr: „Es ist nicht so – du hast gelacht . . ." Und wir ergänzen in Gedanken mit der nun bei uns angestoßenen Phantasie: „. . . aber dennoch oder gerade deshalb soll meine Gnade an dir offenbar werden." Saras Lachen bleibt bestehen, und als die Verheißung eintrifft, erhält der Sohn, der in der Überlieferung zum Ahnherren Israels wird, den Namen Jizchak (Isaak, von hebr. *zachak* = lachen), denn so sagt es Sara selbst: „Gott hat mir ein Lachen zugerichtet" (Gen 21,6). Es ist dieses Lachen, in dem Gott sich sehen läßt.

---

8 Das Lachen Saras wird in diesem Kontext offenkundig wertfrei verstanden und sollte keinesfalls psychologisierend als Ausdruck von Verlegenheit, Zweifel, Hilflosigkeit oder Besserwisserei bzw. Überlegenheit gedeutet werden. Was genau hinter diesem Lachen steckt, „bleibt offen. Allein die Phantasie der Leser bzw. Ausleger ist gefordert", so R. Bartelmus, Art. שׂחק/צחק (‚lachen') in: Theologisches Wörterbuch zum Alten Testament VII (1993), Sp. 730–745, hier Sp. 737.

2.2. Gott sieht seine Geschöpfe an: Exodus 4,11 (10–12)

„Mose aber sprach zu dem HERRN: Ach mein Herr, ich bin von jeher nicht beredt gewesen, auch jetzt nicht, seitdem du mit deinem Knecht redest; denn ich hab eine schwere Sprache und eine schwere Zunge. Der HERR sprach zu ihm: Wer hat dem Menschen den Mund geschaffen? Oder wer hat den Stummen oder Tauben oder Sehenden oder Blinden gemacht? Habe ich's nicht getan, der HERR? So geh nun hin: Ich will mit deinem Mund sein und dich lehren, was du sagen sollst."

In diesem späten Zusatz zur eigentlichen Berufungsgeschichte des Mose in Ex 3f[9] wird die besondere Beauftragung des Mose zum Propheten und sein besonderes Verhältnis zu Gott in ungewöhnlicher Weise aus einer ganz neuen Perspektive beleuchtet: Es geht hier nach allgemeiner Auffassung vor allem darum, daß Mose seine Rolle vor dem Volk rechtfertigen und legitimieren muß. Und es wird sehr deutlich, warum er als Sprecher Gottes und Führer des Volkes nicht akzeptiert wird: Mose ist sprachbehindert. Sein Problem ist nicht nur die mangelnde Eloquenz, wie an anderen Stellen gesagt wird (Ex 3,11; 6,12.30), sondern er hat eine schwere Sprache und eine schwere Zunge. Daß eine solche Behinderung nicht nur heute, sondern auch damals auf mangelnde Akzeptanz stieß, nimmt der Erzähler nicht nur in Kauf: Die Behinderung bedeutet keineswegs eine Trübung des Mosebildes, sondern dient vielmehr der Darstellung der Offenbarung Gottes über sein Wesen und seine Schöpfung, die in phantasievoller Weise über alles damals und heute Erwartete hinausgeht. Gängige Denk- und Vorstellungsmuster werden an dieser Stelle aufgebrochen und ein neuer Horizont eröffnet. Die Sichtweise des Behinderten von sich selbst, aber auch der umgebenden Gesellschaft ihm gegenüber wird genau umgekehrt: Stellt sich normalerweise die Behinderung als Einschränkung, ja vielmehr als defizitäre Abweichung vom Normalen dar, so wird sie in diesem Text ausdrücklich

---

9 Siehe L. Schmidt, Gesammelte Aufsätze zum Pentateuch, Berlin/New York 1998 (BZAW 263), S. 24.

als Wille Gottes und als seinem Schöpfungswerk Entsprechendes dargestellt: Gott selbst schafft nicht nur die Sprechenden und Hörenden und Sehenden, sondern auch die Stummen und Tauben und Blinden. Und Gott selbst ist mit jedem Menschen, gleich wie angeblich eingeschränkt er aus Sicht seiner selbst oder der anderen sein mag: „Ich will mit deinem Mund sein", spricht Gott und nimmt gerade diesen Menschen in seine besondere Aufgabe und Verantwortung. Nicht abgeschoben wird Mose, der Sprachbehinderte, nicht ausgegrenzt als nicht normal, sondern in den Vordergrund gestellt als einer, der genau so von Gott geschaffen ist und als Gottes vollmundiger Prophet berufen wird.

Diese Aussage, die auch im Alten Testament nicht wiederkehrt, macht den Beteiligten und den heute Angesprochenen auf phantasievolle Weise klar, wie eingeschränkt in Wirklichkeit ihr Blickwinkel ist, wenn sie andere als eingeschränkt betrachten. Gerade in der heutigen Diskussion um die gentechnisch machbare und wünschenswerte ‚Verbesserung' der Menschen[10] mit dem Ziel der Ausschaltung von Behinderungen und der Kreation eines von Menschen festgelegten Normalmaßes bietet die Phantasie der vorliegenden Verse einen Gegenpol zum Kalkül (siehe die Vorüberlegungen) der Menschen: Gott allein ist es, der erschaffen und Wert bemessen kann. Er selbst schafft Menschen in ihrer Besonderheit und er selbst stellt die Beziehung zu ihnen her, weil nur er um ihre besondere Begabung weiß. Gott behindert nicht, sondern begabt – das wird an der hier geschilderten Berufung des Mose deutlich und das ist die besondere Phantasie Gottes, der wir hinterherschauen dürfen.

---

10 Vgl. die Diskussion um den Philosophen Peter Sloterdijk, der im Rahmen der von ihm aufgestellten „Regeln für den Menschenpark" den zivilisatorischen Zugriff auf die menschlichen Gene und den konsequenten Einsatz der Anthropotechnik als zukunftsweisend in den Blick nimmt.

2.3. Gott ersieht neues Leben: Ezechiel 37

Die eindrückliche Vision Ezechiels, in der er auf ein Totenfeld voller verdorrter Gebeine geführt wird, die auf sein
Wort hin durch den Atem Gottes lebendig werden und Seh-
nen, Fleisch und Haut erhalten, hat besonders in der Zeit
des frühen Judentums, der frühmittelalterlichen und hoch-
mittelalterlichen Kirche die Phantasie angeregt. Sie wurde
als symbolisches Bild von der Auferstehung der Toten, bei
der sich die Gebeine versammeln, immer wieder plastisch
und narrativ dargestellt: z. B. auf den berühmten Fresken der
Synagoge in Dura-Europos, aber auch in der Kunst des Frühen Christentums und in mittelalterlichen Kirchen bis hin zu
Michelangelo und Tintoretto.[11]

Verwunderlich ist dies nicht, gehört das in Ez 37,1–14
Geschilderte und Gesagte doch zu den gewagtesten Aussagen des ganzen AT. Nur tastend finden sich dort sonst die
Versuche, eine Beziehung Gottes auch zu den Verstorbenen
auszusagen (z. B. Ps 22,30; 139,8), und noch tastender sind
die Aussagen über eine mögliche Zukunft der Toten anders
als in ewigem Staub und Nichts (vgl. z. B. Ps 73,23-26; Dan
12,2). Wie ein Paukenschlag wirkt demgegenüber die große
Vision des Propheten, der in diesem Geschehen nicht nur
Neues über das Schicksal Israels (dies ist ursprünglich mit
dem Totenfeld gemeint) bei seinem Gott erfährt, sondern
auch für seinen Auftrag umdenken muß: Denn was sein Auftrag in einem Feld von Toten sein könnte, ist auch dem gott-
gesandten ‚Menschenkind' unklar. Auf die unerwartete Frage nach einer möglichen Zukunft der Gebeine, antwortet er
Gott ratlos und doch vertrauensvoll: „Herr, mein Gott, du

---

11 In ähnlicher Weise wie zuvor schon in der Synagoge von Dura-Europos
   begegnen die Darstellungen auf einem Kölner Goldglas des 4. Jh.s und
   auf diversen Römischen Sarkophagen. Noch bis ins hohe Mittelalter
   und in die Renaissancezeit war das Motiv in Fresken und Buchillustra-
   tionen beliebt; vgl. weiter dazu B. Brenk, Art. Auferstehung, in: Lexikon
   der christlichen Ikonographie, Bd. 1 (1968), S. 219 f., und M. Q. Smith,
   Art. Ezechiel, in: Lexikon der christlichen Ikonographie, Bd. 1 (1968),
   S. 716–718.

weißt es" (Ez 37,3). Und dann erfährt er den jedes Prophe-
tenverständnis durchbrechenden rätselhaften Auftrag, nicht
Lebendigen, sondern Toten zu weissagen, und erhält damit
eine unerhörte Vollmacht: „Kann die Vollmacht des Propheten deutlicher zum Ausdruck kommen als hier, wo er das
lebensspendende Wort des Schöpfers weitergeben soll, damit
sich im Rahmen menschlicher Erfahrung Unmögliches voll-
zieht?"[12] Es ist das Unerhörte dieses Auftrags, das die Phantasie in diesem Text ausmacht. Und es ist das Eigentliche,
das das im folgenden geschilderte Lebendigwerden der Gebeine davor bewahrt, phantastisch im Sinne von unwirklich
zu werden. Gottes Auftrag befördert keine Sensationsgier
und er liefert keinen Filmstoff. Sein Auftrag wird nur von
denen verstanden, die darauf vertrauen: „Ich rede es und tue
es auch, spricht der Herr" (Ez 37,14). Der belebende Geist
Gottes schafft Leben wie ehedem zu Beginn der Schöpfung
(Gen 2,7). Gottes schöpferisches Handeln ist die Phantasie
seines Heils. Er ersieht neues Leben, wo selbst sein Prophet
nur den Tod sieht.

So spricht und so tut Gott wider alle begrabene Hoffnung,
wider alle verdorrten Gebeine, wider alle vergessenen Toten
und wider alle verschlossenen Gräber: „So wandeln sich die
Todesstarre der Vergangenheit und die Trostlosigkeit der
Gegenwart in hoffnungsvolle Zukunft."[13]

Auch wenn die Vision des Ezechiel sich in diesem Kontext
nur an das Volk Israel und seine Wiedererstehung richtet,
bildet sie doch durch die ihr innewohnende Phantasie und
damit durch die Offenbarung des Heilswillens Gottes im
Nachhinein einen Übergang ins Neue Testament. Die Phantasie Gottes wird zum Ausdruck seiner Verläßlichkeit und
Schöpferkraft wider alles Verstehen und Erwarten der Menschen: „Ich rede es und tue es auch." Seinem Heil glauben
seine Menschen seitdem.

---

12 W. H. Schmidt, Alttestamentlicher Glaube in seiner Geschichte, Neukirchen-Vluyn [8]1996, S. 359.
13 Ebd.

3. Von der Phantasie im Neuen Testament

Die Phantasie im Neuen Testaments knüpft darin an die Phantasie im Alten Testament an, daß es auch hier um Anrede und Offenbarung Gottes selbst geht. Daß diese Anrede und Offenbarung nach dem Zeugnis des Neuen Testaments nun auf besondere Weise mit der Geschichte und Person Jesu von Nazaret zusammenhängt, davon hat auch der Hebräerbrief gesprochen: „Nachdem Gott vorzeiten vielfach und auf vielerlei Weise geredet hat zu den Vätern durch die Propheten, hat er in diesen letzten Tagen zu uns geredet durch den Sohn, den er eingesetzt hat zum Erben über alles, durch den er auch die Welt gemacht hat" (Hebr 1,1–2). Wenn man so will, erinnert uns dieser Abschnitt an die Phantasie Gottes selbst und an den Glaubenskosmos, der in der Reflexion auf Jesus Christus sowie in der Wiedergabe seines Schicksals und der damit zusammenhängenden Taten und Worte von den unterschiedlichen neutestamentlichen Autoren vor Augen geführt wird.

3.1. Das Gebet als Ort der Phantasie in den Paulusbriefen

Manchem *Vor*urteil zufolge gilt Paulus als nüchterner Denker und könnte von daher als ‚phantasielos' eingeschätzt werden. Seine Briefe gelten als Ausweis theologischer Rationalität und bilden daher die Ecksteine vieler systematisierender theologischer Darstellungen biblischer Theologie. Auch wenn man sie eher als ‚Gelegenheitsschriften' – sie sind aus bestimmten Anlässen und Notwendigkeiten heraus an ganz bestimmte christliche Gemeinden und deren konkrete Fragen und Probleme gerichtet – wahrnimmt, erweisen sie sich als sperrig. Ein großartiges denkerisches Panorama tut sich auf, oft schwierig im Nachvollzug der Argumentation, weil offenbar auch von Stimmungen und sich verändernden Einsichten des Apostels und Situationen der Empfänger abhängig, was sich bis hinein in seine Stilistik widerspiegelt: notorisch die Satzbrüche – logische Sprünge mitten im Satz -, notorisch seine bildhaften Vergleiche, die an der entscheidenden Stelle schief zu sein scheinen. Man könnte diese und vergleichbare Phänomene als Spuren biblischer Phantasie bezeichnen; es bedarf auf jeden Fall noch viel Nachdenkens, dieser phantasievollen Logik auf die Spur zu kommen.

Wir folgen Paulus an dieser Stelle zu anderen Orten der Phantasie. Es sind dies die sogenannten Eingangsgebete in seinen Briefen[14]. Dort begegnet er uns als Betender, der vor Gott für die von ihm angeschriebenen Gemeinden eintritt (1 Thess 1,2–3,10; 1 Kor 1,4–9; 2 Kor 1,3–7; Röm 1,8–12; Phil 1,1–11; 2 Thess 1,3–12; Kol 1,3–23; Eph 1,3–3,21). Seine ‚geschriebenen‘ Gebete sind dabei die Außenseite dessen, was der Apostel den Empfängern als Geschichte Gottes mit den Gemeinden begreiflich machen und woraufhin er sie ansprechen möchte, nämlich sich aus der Phantasie Gottes heraus immer wieder *neu* zu sehen und zu begreifen: Das Gebet wird somit zum namhaften Ort biblischer Phantasie Gottes, weil in ihm in wenigen Worten ein ganzer Glaubenskosmos entworfen wird, in den Paulus die Angeschriebenen einlädt.

Betrachten wir zum Beispiel den ersten Thessalonicherbrief:

> „Wir danken Gott allezeit über alles euer in unserer Fürbitte für euch gedenkend, eurem Werk des Glaubens und der Mühe der Liebe und der Unterordnung unter die Hoffnung unseres Herrn Jesus Christus vor Gott, unserem Vater gedenkend, die wir von eurer Berufung wissen, von Gott geliebte Brüder, daß unser Evangelium nicht allein im Wort zu euch gekommen ist, sondern auch in der Kraft und im heiligen Geist und in großer Fülle." (1 Thess 1,2–5)

Auf den ersten Blick mag dieser Abschnitt überladen wirken, vielleicht auch etwas barock. Die sprachliche Fülle ist allerdings ein Zeichen für die phantasievolle Zuwendung, die die Thessalonicher hier letztlich von Gott her erfahren. Greifen wir nur ein wichtiges Stichwort heraus: das der Berufung

---

14 Dies gilt sowohl für die betreffenden genuinen Paulusbriefe als auch für die entsprechenden ihm zugeschriebenen.

bzw. Erwählung. Damit stellt der Apostel die Adressaten hinein in die von Gott ausgehende Glaubensgeschichte mit den Menschen. Bis in das Alte Testament reicht diese Glaubensgeschichte zurück, wenn wir uns daran erinnern, wie dort von der Erwählung Israels zum Volk Gottes die Rede ist (vgl. 5 Mose 7). Ähnliches gilt auch für die Wendung „von Gott Geliebte", denn eine vergleichbare Redeweise begegnet uns z. B. in 2 Chr 20,7, wo die Wendungen „dein Volk Israel" und „Same Abrahams, deines Geliebten" parallel zueinander stehen[15]. Damit wird unausgesprochen wiederum an das von Gott *erwählte* Volk erinnert, zu dem sich *jetzt* offenbar auch die Thessalonicher zählen dürfen. Die Thessalonicher werden demnach in dem Eingangsgebet aus der Phantasie Gottes heraus gesehen auf zweierlei hin angesprochen: auf die Geschichte Gottes mit ihnen und ihre persönliche Lebens- bzw. Glaubensgeschichte (vgl. 1 Thess 1,9 f.) – beides untrennbar miteinander verwoben, zumal das Evangelium „auch in der Kraft und im heiligen Geist und in großer Fülle" zu den Thessalonichern gekommen ist.

Auf ähnliche Weise entwirft der Verfasser des Kolosserbriefes seinen Glaubenskosmos. In seinem einundzwanzig Verse langen Eingangsgebet scheint die biblische Phantasie auf (Kol 1,3–23). Ganze Satzketten fließen kaskadenartig hervor. Vom Glauben der Kolosser an Jesus Christus ist dort die Rede, von ihrer Liebe zu allen Heiligen, von der schon im Himmel bereitliegenden Hoffnung, ihrem Fruchtbringen in aller Welt und dem Zuwachs ihrer Erkenntnis in Wahrheit durch die Gnade Gottes. Großartig ist die Konstruktion, mit Hilfe derer all diese Stichworte so verknüpft werden, daß sie phantasievolle Anrede Gottes durch den Briefschreiber werden.

Die Eingangsdanksagung von Kol 1,3–14 dient gleichsam als Torbau zu dem folgenden Lobpreis auf Christus (Kol 1,15–20) und der abschließenden Danksagung als Anwendung des Christuslobes auf die Gemeinde (Kol 1,21–23). Im Bild gesprochen: Die Gemeinde ist eingeladen, sich durch einen Gang durch den Christushymnus wie bei einem Gang

---

15 Vgl. W. Kraus, Das Volk Gottes, Tübingen 1996 (WUNT 85), S. 127.

durch eine antike Tempelanlage, in dessen innerstem Raum, der *cella,* der Lobpreis auf Christus steht, berühren und verändern zu lassen.

Auf dem Hintergrund fremder philosophischer Einflüsse ist die Gemeinde verunsichert worden. Die Elemente und Kräfte der Welt befänden sich in einem permanenten Konfliktzustand: „Wahrgenommen wird dieser kosmische Streit vom Menschen in der ihm ständig präsenten Erfahrung, in einer instabilen und brüchigen Welt zu leben."[16] Abhilfe versprächen – so die verbreitete Überzeugung – unterschiedliche Formen der Magie, der Mysterien, der Askese und der kultischen Verehrung der die Welt lenkenden Kräfte. Der Verfasser des Kolosserbriefes hingegen lädt ein, allein auf Christus zu blicken! Er ist es, dem wir die ganze Welt verdanken:

> „denn in ihm ist alles geschaffen,
> was im Himmel und auf Erden ist,
> das Sichtbare und das Unsichtbare,
> es seien Throne oder Herrschaften
> oder Mächte oder Gewalten;
> es ist alles durch ihn und zu ihm geschaffen." (Kol 1,16)

Damit aber nicht genug. Der Christuslobpreis will in erster Linie nicht belehren, sondern will im Gottesdienst gesungen werden und einen Erfahrungsraum durch das Christus-Gebet eröffnen: Zu diesem, dem alles Geschaffene zugeordnet ist, sind die Glieder der Gemeinde zugeordnet wie das Haupt untrennbar mit dem Leib verbunden ist (Kol 1,18: „Und er ist das Haupt des Leibes, nämlich der Gemeinde"). Der Gottesdienst selbst ist der phantasievolle Lebensraum Gottes und damit der Ort, an dem die Erfahrung möglich ist, daß die Welt in Christus ihren Bestand hat und daß Christus das Haupt des Kosmos ist. In ihm wird die Welt, so wie sie ist, weder als ‚heile Welt' abgesegnet noch verharmlost. Vielmehr scheint im Gottesdienst die eigentliche Bestimmung

---

16 M. Wolter, Der Brief an die Kolosser/Der Brief an Philemon, Gütersloh/Würzburg 1993 (Ökumenischer Taschenbuchkommentar zum Neuen Testament 12), S. 86.

der Welt von Christus her schon jetzt auf. Der Gottesdienst als Raum der Phantasie Gottes wird zum Ort der Hoffnung, „die euch in den Himmeln bereitliegt, von der ihr schon gehört habt durch das Wort der Wahrheit des Evangeliums" (Kol 1,5).

3.2. Jesu phantasievolle Reich-Gottes-Verkündigung

Von der Phantasie Jesu von Nazaret zu sprechen, heißt nicht, ihn zum Phantasten zu machen. Seine Worte und Taten – soweit sie historischer Rekonstruktion überhaupt zugänglich sind – spiegeln vielmehr wider, wie phantasievoll er für das einstand, was er zur Anrede an das Volk Gottes machte: das Reich Gottes.

So können wir anknüpfen an die Hoffnung, von der im Brief an die Kolosser die Rede war, zu der Reich-Gottes-Hoffnung, von der Jesus von Nazaret erfüllt und bestimmt war. In vielen Gleichnissen begegnet sie uns in den Evangelien, viele konzentrierte Zusammenfassungen seiner Botschaft (vgl. Mk 1,15) lassen erkennen, daß sein Leben, seine Taten und seine Verkündigung unter dieser Hoffnung standen. Dementsprechend sind die Bilder und Gleichnisse (vom Sauerteig, Fischnetz, Sämann usw.) längst schon in die christliche Kunst und Frömmigkeitssprache eingegangen. Und trotzdem: Nie hat Jesus das Reich Gottes an einer Stelle ‚definiert', was heute manche Predigerin oder manchen Verkündiger irritieren mag, weil die Zuhörerschaft eine solche Definition zu verlangen scheint. Vielleicht aber kann man die Beobachtung, daß Jesus das Reich Gottes viel lieber nur ‚verglichen' hat, als Ausweis seiner Phantasie Gottes werten: weil das Reich Gottes eine dynamische Größe ist, die uns Menschen selbst beanspruchen und in den Dienst nehmen will.

Eine Spur ganz anderer Art davon läßt sich in der Geschichte von der Salbung Jesu durch die Frau (Mk 14,3–9) nachzeichnen[17]. Die in ihr vorkommenden Personen, die namen-

---

17 Vgl. hierzu grundlegend J. Roloff, Palmarum – 4.4.1993. Markus 14,3–9, in: Göttinger Predigtmeditationen 47 (1993), S. 171–176.

lose Frau, die murrenden Tischgenossen, die weder als Jünger noch als Gegner angesprochen werden, bleiben unscharf. Um so deutlicher wird der Grund herausgestellt, der Anlaß zum Protest ist: die luxuriöse Verschwendung, die die Frau nach Meinung der Protestierenden da betreibt. Nardenöl war in der Tat sündhaft teuer und gehörte zu dem raffinierten Luxus der dekadenten Welt der Reichen (vgl. Offb 18,11–13). 300 Denare waren auch mehr als das Jahreseinkommen eines einfachen Landarbeiters (vgl. Mt 20,2). Das Verhalten der Frau mußte also für die Angeredeten das Dienst- und Armutsethos, das ihnen bisher Jesus anschaulich durch seine Person vorgelebt hatte, *ad absurdum* führen. Jesu Reaktion darauf ist nun überraschend, aus ihr spricht die Phantasie Gottes! Er verweigert dem Urteil seiner radikalen Anhänger die Zustimmung und bestätigt statt dessen die Frau: „Sie hat ein gutes Werk an mir getan", nämlich ein Werk der Liebe (Mk 14,6). Überraschend ist seine Antwort auch, weil er die zu erwartende lehrhafte Verhältnisbestimmung von Almosen und Liebeswerken schuldig bleibt, ja diese ganze Logik umdreht: Jetzt ist Ausnahmesituation, die über dem selbstverständlichen Dienst an den Armen hinaus noch ein besonderes Verhalten erforderlich macht: Noch ist Jesus selbst anwesend, noch ist Gelegenheit, ihm Liebe zu erweisen, bald wird es dazu zu spät sein. Jesus stellt damit nicht die Armenfürsorge in das Belieben, sondern zieht die Ehrlichkeit des Protestes in Zweifel. Als Unterton wird man wohl auch heraushören können: Weil diese Frau *jetzt* im Unterschied zu ihren Kritikern weiß, was Jesus gegenüber an der Zeit ist, wird sie *dann* ebenso selbstverständlich wissen, was sie den Armen schuldig ist. Auf entscheidende Weise ist aber nun diese exzeptionelle Tat der Frau mit der Verkündigung des Evangeliums bis heute verknüpft: Für den Evangelisten Markus ist „Evangelium" das berichtende Zeugnis von der irdischen Geschichte jenes Jesus von Nazaret, der *jetzt* der erhöhte Herr der Gemeinde ist. *Wo* dieser Herr *gegenwärtig* ist, ist für die Seinen *Ausnahmezeit*. Weil die salbende Frau von Betanien dies durch ihre Tat deutlich gemacht hat, darum bleibt diese Tat für immer im verkündigten Evangelium aufbewahrt. Darin liegt demnach der Schlüssel zur phantasievollen Dimension dieser Geschichte für die Kirche nach Ostern: Weil die Kirche ihren Herrn in ihrer Mitte hat, und weil ihr in diesem Herrn Gott selbst nahegekommen ist, darum lebt sie gleichsam in einer *permanent gewordenen Ausnahmesituation*, und darum ist in ihr auch Raum für außergewöhnliche Äußerungen der Liebe, Hingabe und Verehrung ihres Herrn – in der Phantasie Gottes.

3.3. Die Wunder Jesu und die Phantasie in der Bibel

Die Wundergeschichten des Neuen Testaments bergen sicherlich eine große Gefahr, als phantastische Geschichten bloßgestellt und damit nicht ernst genommen zu werden. Und in der Tat stellt ihre Auslegung und ihr Verstehen jede Leserin und jeden Leser vor große Herausforderungen. Beispiele, wie sie dem jeweils aktuellen oder ‚gültigen‘ Verstehenshorizont angepaßt wurden, gibt es viele. Was aber ist das wirklich Phantasievolle der Wundergeschichten?

Es sind nicht die einzelnen wunderhaften Züge solcher Erzählungen, die etwa eine Summe des Ganzen ausmachen würden: einen Jesus *superstar*. Vielmehr ist es die Bezogenheit des wunderhaften Ereignisses auf die Person Jesu Christi. Sein wunderhaftes Handeln, das niemals in der sonst üblichen Terminologie mit dem eigentlichen griechischen Begriff für ‚Wunder‘ zum Ausdruck gebracht wird, ist selbst schon Hinweis: Daher spricht das Neue Testament von diesen Ereignissen als ‚*dynameis*‘, also als Machtentfaltungen und Krafterweisen, die letztlich auf Gott selbst zurückgehen.

Damit unterscheidet sich gerade diese Art von Gottes Phantasie von jeglichem Phantastischen, von *fantasy* oder bloßer Illusion. Letztere läßt uns Menschen erschauern und macht uns Angst. Das zeigt die Einbildung der Jünger, die in der Geschichte vom ‚Seewandel des Petrus‘ beim Anblick Jesu glauben, es wandle ein Gespenst auf dem Wasser. Sie halten ihn für ein *phantasma*, wie der griechische Ausdruck interessanterweise lautet (Mt 14,26). Erst aber die Anrede Jesu zeigt ihnen seine, und das heißt: Gottes Wirklichkeit!

Und sie werden von dieser in den ‚Bann' gezogen. Petrus läßt sich zunächst darauf ein und folgt dem Befehl Jesu, ihm auf dem Wasser entgegenzukommen. Trotzdem bleibt der letzte Zweifel, der starke Wind scheint mächtiger zu sein als der Befehl Jesu – und Petrus sinkt. Dieses Verhalten wird ausdrücklich als kleingläubiges Zweifeln bezeichnet. Bezeichnend für diese Wundergeschichte ist sodann ihr Schluß. Als die im Boot befindlichen Jünger merken, daß der Wind nachläßt, fallen sie vor Jesus nieder, d. h. sie vollziehen die Proskynese, und bekennen: „Wahrhaft, Gottes Sohn bist du." – Erst indem sich die Jünger darauf einlassen, wird die ‚phantastische' Geschichte zu einem leibhaften Bekenntnis zu dem, in dessen letzter Autorität Jesus selbst handelt: Gott selbst. Und ohne daß er behaupten würde, der eigentlich Handelnde zu sein, zeigt sich Gott so auf seine phantasievolle Weise.

3.4. Die Offenbarung des Johannes – apokalyptisches Drohszenario oder Ort biblischer Phantasie?

Am heikelsten von der biblischen Phantasie zu reden ist gewiß hinsichtlich der Offenbarung des Johannes, dem letzten Buch der Bibel. Sie gilt gemeinhin als endzeitliche Utopie, die eine reiche Bildersprache sowie die Darstellung von Träumen und Visionen benutzt, um göttliche Geheimnisse zu verkünden. Längst schon haben sich ihrer mehr Sekten und Zirkel außerhalb bedient als Glieder innerhalb der großen christlichen Kirchen; ja, immer wieder mißbraucht man sie auf erschütternde Weise zur Legitimation krimineller Phantasie, die bisweilen – leider – auch in die Tat umgesetzt worden ist und wird[18]. Besonders die in ihrem zwanzigsten

---

18 So z. B. die sog. Sonnentempler, vgl. hierzu R. Hummel, Sektiererische Selbstvernichtung. Ein Rückblick auf das Ende des Sonnentempler-Ordens, in: Materialdienst der Evangelischen Zentralstelle für Weltanschauungsfragen 2/1998, S. 50–52, oder die Greueltaten der US-amerikanischen Sekte „Zweig Davids" von David Koresh.

Kapitel geschilderte Vorstellung vom ‚tausendjährigen Reich' (Offb 20,4–6) zieht eine lange unangenehme Spur durch die Geschichte nach sich – bis heute, denn der wirtschaftlich ausgeschlachtete Rummel um das Y2K (so das absurde englische Akronym für das ‚Year-2-Kilo' = Jahr 2000) verdankt seine Motive der Johannesoffenbarung in der Wirkungsgeschichte des Chiliasmus (von griech. *chilioi* = tausend) bzw. Millenarismus (von lat. *millennium*)[19]. Obwohl seit ihrer Entstehung im letzten Jahrzehnt des 1. Jh.s n. Chr. hinsichtlich ihrer Zugehörigkeit zur christlichen Bibel umstritten, setzte die Johannesoffenbarung andererseits auch eine reichhaltige positive Phantasie frei: Keine andere biblische Schrift hat die religiöse Architektur, Kunst[20] und Musik[21] derart geprägt wie sie. Ist damit aber ihr Potential biblischer Phantasie erschöpft und bleibt sie – wohl oder übel – ein Buch apokalyptischer Drohszenarien?

Hier ist festzuhalten: Das Phantasievolle der Johannesoffenbarung besteht nicht in der ‚Wiedergabe' von Bildern und Vorstellungen an sich, sondern zeigt sich anhand des innovativen Gebrauchs eben jener (traditionellen) Bilder und Vorstellungen mittels einer eigenen Sprache. Das ist zugleich das Befremdliche und Faszinierende an diesem letzten Buch der Bibel: Hat man die Grammatik seiner Sprache einmal verstanden, ordnen sich die Bilder und Vorstellungen leichter zu, ohne daß jene zum Ausgangspunkt unsachgemäßer Spekulation werden müßten.

Offb 12,1–18, die Episode vom gefallenen Drachen und der verfolgten Frau, stellt auf den ersten Blick gleichsam eine ‚Spielwiese' unterschiedlichster Szenarien und mythischer Bilder dar.

---

19 Vgl. M. Karrer, Chiliasmus, in: EKL I (1986), Sp. 655 ff.
20 Vgl. O. Böcher, Kirche in Zeit und Endzeit. Aufsätze zur Offenbarung des Johannes, Neukirchen-Vluyn 1983, S. 97 ff.; ders., Kunst als Bibelauslegung. Zur Wirkungsgeschichte der Offenbarung des Johannes, in: Forschungsmagazin der Johannes-Gutenberg-Universität Mainz 1/1986, S. 41 ff.
21 F. Reckow, Die Apokalypse in der Musikgeschichte, in: 44. Internationale Orgelwoche Nürnberg – Musica Sacra „Die Apokalypse in der Musik", Nürnberg 1995, S. 22, bes. S. 24.

Eine durch ein Himmelszeichen begleitete und mit Sonne und Mond bekleidete Frau erscheint am Himmel und gebiert ein Kind. Parallel dazu erscheint als weiteres Zeichen ein feuerroter Drache mit sieben Häuptern und sieben Diademen darauf sowie zehn Hörnern. Dieser versucht die Frau zu verschlingen. Das zu gebärende Kind wird zu Gott entrückt und die Frau kann in die Wüste fliehen. Daraufhin bricht im Himmel ein Krieg zwischen den Heerscharen des Michael und dem Drachen, der alten Schlange, aus. Der Drache wird gestürzt und verfolgt nun auf der Erde die Frau, die mithilfe zweier Adler zu ihrem Schutz in die Wüste versetzt und dort versorgt wird, woraufhin dem Drachen nichts anderes übrigbleibt, als „Krieg zu führen mit den übrigen ihres Samens, die die Gebote Gottes halten und das Zeugnis Jesu haben" (Offb 12,17).

Gerade die religionsgeschichtliche Analyse, die einen solchen Text mit möglichst parallelen Texten der Umwelt vergleicht, um etwas über die Herkunft und Bedeutung der gebrauchten Bilderwelt herauszufinden, kommt immer wieder zu dem überraschenden Punkt, daß Johannes die verschiedenen mythischen Bilder und Motive „in sehr freier Weise gestaltet, miteinander verknüpft und in den Dienst seiner theologischen Aussageabsichten gestellt hat."[22]

Nicht auf die *Aus*deutung der den *ersten* Leserinnen und Lesern *vertrauten Bilderwelt* in ‚apokalyptischen Farben' kam es Johannes an, sondern auf deren theologische *Neuakzentuierung*. So tritt das „andere Zeichen am Himmel" (Offb 12,3) durch charakteristische Kennzeichen: feuerrote Farbe und sieben Köpfe, den Leserinnen und Lesern als Drache entgegen, wie er aus den mythologischen Erzählungen der Antike bekannt ist; und dessen zehn Hörner assoziieren bewußt das vierte Tier aus der Weltreichevision von Dan 7. Diademe und Hörner symbolisieren zudem als allgemeine Symbole der Königswürde die Macht und den damit verbundenen Herrschaftsanspruch des Tieres. Selbst

---

22 J. Roloff, Die Offenbarung des Johannes, Zürich ²1987 (ZBK.NT 18), S. 124.

der Schwanz des Drachen, mit dem ein Drittel der Sterne des Himmels hinweggefegt und auf die Erde geworfen werden, gehört zum Bildrepertoire antiker Tradition (endzeitlicher Fall der Sterne und das Auftreten eines Drachens). Die Besonderheit des Bildarrangements allerdings liegt in der Parallelität zur Beschreibung der Frau nach dem Muster Gewand – Kopf – Füße[23]. Die Himmelskörper, mit denen die Frau ausgestattet bzw. bekleidet ist, stehen für die der Kirche geltenden Verheißungen[24]. Um so deutlicher werden die Frau als Symbol der endzeitlichen Heilsgemeinde, der Kirche, und der Drache als Symbol der Feindschaft gegen Gott gegenübergestellt. Aus der Phantasie Gottes gesehen, beantwortet die erzählerische Entfaltung dieser Grundkonstellation die Frage, inwiefern die in der gegenwärtigen Weltzeit lebende Kirche nicht die triumphierende, sondern die leidende und tödlich bedrängte Kirche ist, obwohl sie mit ihrem Herrn, der als Herr über Welt und Geschichte schon jetzt proklamiert ist, unmittelbar zusammenhängt: Ihr nötiges, der Welt zugewandtes „Zeugnis [ist] auch dann Sieg, wenn es in die äußere Niederlage führt, weil in ihm die Gemeinde nicht ihren eigenen Machtanspruch proklamiert, sondern die Sache dessen vertritt, der im Himmel bereits als Sieger proklamiert ist."[25]

4. Ausblick

Wir haben in der Polarität von ‚Phantasie und Kalkül' die Dimension der Phantasie in der Bibel nachzuzeichnen versucht. Phantasie in der Bibel, das ist Offenbarung Gottes: Gott läßt sich sehen – auf phantasievolle Weise, die Herz und Verstand, Denken und Handeln der von ihm angeredeten Menschen ergreift und verändert. Sie gewinnen Offen-

---

23 P. Busch, Der gefallene Drache. Mythenexegese am Beispiel von Apokalypse 12, Tübingen/Basel 1996 (TANZ 19), S. 64 und 50 ff.
24 J. Roloff, Offenbarung, S. 126.
25 Ders., Offenbarung, S. 131.

heit für Gott und Einsicht in das ihre Grenzen überwindende Handeln Gottes. Sie werden eingeladen in seinen Glaubenskosmos. So eröffnet die Phantasie der Bibel einen neuen ‚Lebensraum‘, der phantasievoll erkundet werden will: In ihm begegnen sich Gott und Mensch.

„Was mich staunen macht"

Ein Gespräch mit dem Literaturwissenschaftler
Peter Horst Neumann
über Phantasie – Religion – Bibel

*Das im folgenden dokumentierte Gespräch mit dem Erlanger
Literaturwissenschaftler Peter Horst Neumann führten Werner H.
Ritter und Ingrid Schoberth. Der Gesprächston ist weitgehend bei-
behalten; Angleichungen an die Schriftsprache wurden nur aus
Gründen der besseren Verständlichkeit vorgenommen.*

1. Phantasie und Literatur

R: In der akademischen Theologie kommt Phantasie bislang
entweder nicht vor oder spielt eine nur marginale Rolle.
Wir sind der Meinung, dies sollte sich ändern.

N: Da ich kein akademischer Theologe bin, kann ich nicht
beurteilen, was dieser Mangel, falls es einer ist, für die akademische Theologie bedeutet. Den Grundbüchern der jüdisch-christlichen Überlieferung, den beiden „Testamen-
ten", mangelt es an Phantasie und Phantastischem ja keineswegs. Mit dieser Feststellung rühre ich freilich an ein
Wertungsproblem von religions- und kirchengeschichtli-
cher Brisanz: an die Frage nach der Literarität und dem
Offenbarungs- und Wahrheits-Charakter der biblischen
Schriften. Die sogenannte (vormals so genannte) „schöne"
Literatur, das Interessenfeld der Literaturwissenschaft, be-
steht zum größten Teil aus fiktionalen Texten, die sich
Spielen der Einbildungskraft verdanken, weshalb der
Traumdeuter Sigmund Freud die Literatur den Tagträu-

men zuzählte. Ist aber Fiktionalität ein wesentliches Merkmal der Literatur, so sind ihre Mitteilungen nur auf eine prekäre, höchst vermittelte Weise wahrheitsfähig. Immanuel Kant hat das „ästhetische Vergnügen" als das Freisein von „Interessen", d. h. von Zwecken, zu denen ja auch Verkündigung und Lehre gehören, bestimmt. Schiller ist ihm auf diesem Denkweg gefolgt, als er den Begriff des „Spiels" in die Ästhetik einführte und die Künste einer Sphäre des Spiels, der Freiheit von Zwecken zuwies. Diese Absonderung, man kann auch sagen: diese Emanzipation der Künste und der „schönen" Literatur von der pragmatischen Sphäre markierte zugleich deren Abstand zur Theologie und zu religiösen Verbindlichkeiten, und sie war eine (von Schiller deutlichst ausgesprochene) Reaktion auf kultur- und mentalitätsgeschichtliche Veränderungen am Ende des 18. Jahrhunderts hin zu einer auf Effizienz und Merkantilismus programmierten Zivilisation. In einer solchen leben wir nun schon seit langem, und in ihr haben die christlichen Kirchen und ihre Verkündigung ihre vormals allgemeine Verbindlichkeit verloren.

Dies ist wohl – etwas grob und stante pede formuliert – die Situation, in der Sie als Theologen sich mit einem Literaturwissenschaftler über das Verhältnis unserer Fächer zur Phantasie unterhalten. Die Literaturwissenschaft ist ja einst bei der theologischen Hermeneutik dankbar in die Schule gegangen, nicht nur bei Schleiermacher. Ich denke, daß Kirche und christliche Gotteslehre am Offenbarungs-Charakter wesentlicher Teile ihrer Heiligen Schriften und an deren Wahrheitsbegriff festhalten müssen und daß diese Prämisse eine unaufhebbare Differenz zur fiktionalen Literatur darstellt, die prinzipiell frei ist von einem solchen Anspruch. Dies bedingt aber wohl einen je anderen Status der Phantasie in Theologie und Literatur. Sind da Allianzen möglich? Das glaube ich wohl.

R: Wir haben mit einer Verhältnisbestimmung von Phantasie-Literatur-Theologie unser Gespräch eröffnet. Zugespitzt sagen Sie: Literatur hat es nur mit Phantasie und Fiktion zu tun.

N: Prinzipiell ja, aber nicht nur.

S: Schauen wir uns jetzt diese Allianzen an, die der Theologie und der Phantasie. Was entdeckt der Literaturwissenschaftler mit Hilfe der Theologie, wo gewinnt sie Bedeutung für sein eigenes Arbeiten?

N: Vielleicht ist das Wort „Allianz" nicht ganz zutreffend, wenigstens nicht für das, was mir als Literaturwissenschaftler und akademischem Lehrer wichtig und nötig erscheint. Ohne Bibelkenntnisse und das Wissen um religiöse Traditionen und theologische Probleme scheint mir seriöse Literaturwissenschaft nicht möglich. Der Einfluß der Bibelsprache auf die Sprache der Poesie, um nur dies eine zu erwähnen, ist ein Kontinuum der Literaturgeschichte. Wir haben in Seminaren die Übersetzungen gewisser Psalmen und Teile des Hohenliedes aus verschiedenen Epochen mit gleichzeitig entstandener Lyrik verglichen – ein hochinteressantes sprach- und stilgeschichtliches Exerzitium. Daß wir als Literaturwissenschaftler dabei keine Hemmungen haben, die Bibel rein literarisch zu lesen, versteht sich von selbst: Unsere Textfrömmigkeit ist von etwas anderer Art, auch wenn wir den religiös-christlichen Charakter mancher bedeutenden Dichtungen nicht ignorieren.

S: „Ich sehe Dich in tausend Bildern."

N: Ja, das ist Novalis. Oder denken Sie an Eichendorffs Erzählung „Das Marmorbild". Da finden sich in einem eindrucksvollen Liede Venus und Maria gegenübergestellt: Phantasie, Sinnlichkeit, Kunst versus Spiritualität und Heiligkeit – und dieses zugleich differenziert und vermittelt in der Weiblichkeit dieser Gestalten. Gleiches geschieht auch in Richard Wagners „Tannhäuser". Es sind die Beispiele dafür, daß innerhalb der Kunst selbst immer wieder solche Bestimmungen ihres Verhältnisses zum Mythos, zur Religion, auch zur Theologie geschehen. Aber das ist ein sehr weites Feld, das natürlich die ganze Geschichte der christlichen Ikonographie einschließt.

2. Phantasie und Wirklichkeit

R: Ich möchte in einem zweiten Gedankengang auf das Verhältnis von Phantasie und Wirklichkeit und das Wirklichkeitsverständnis zu sprechen kommen. Was ist Ihnen als Literaturwissenschaftler dabei wichtig? Phantasie wird ja oft mit Phantasterei und Spinnerei gleichgesetzt.

N: Bei solchen Dummheiten brauchen wir uns aber nicht aufzuhalten.

R: Immerhin, wenn man im Deutschen Wörterbuch der Brüder Grimm nachschlägt, finden sich da zwei Gebrauchsweisen des Wortes, einmal die eben angeführte, eher negative, dann aber auch eine positive im Sinne von Vorstellungs- und Einbildungskraft.

N: Ja, das ist registrierter Sprachgebrauch. Wenn wir aber von Phantasie oder Einbildungskraft sprechen – das kann nicht abschätzig gemeint sein. Im Sprachgebrauch des Spießers ist die Bezeichnung „Phantast" natürlich oft ein Schmähwort für den Künstler als Außenseiter, aber das lassen wir wohl einmal auf sich beruhen.

R: Ich will kurz andeuten, warum ich Sie so nach dem Verhältnis Phantasie und Wirklichkeit bzw. Phantasie und Literatur gefragt habe: In der Pfingstausgabe des Magazins „Der Spiegel" (21/1999) greift Rudolf Augstein wieder einmal das Thema Jesus von Nazareth auf. Auffälligerweise erwartet Augstein – hierin ist er sich seit Jahrzehnten treu geblieben – von den biblischen Evangelien nichts anderes als „Tatsachenreporte"! Und geht es nicht vielen so, daß sie unter Wirklichkeit das verstehen, was im weitesten Sinn des Wortes wägbar, zählbar, meßbar, also gewissermaßen objektiv darstellbar ist? Wie ist das bei Ihnen in der Literaturwissenschaft? Mit welchem Wirklichkeitsverständnis arbeiten Sie da?

N: Ihre Frage geht davon aus, daß es mehrere Wirklichkeitsverständnisse gibt. Tatsächlich leben wir ja, jeder für sich und mit jeweils anderen Teilhabern, in mehr als nur einer Wirklichkeit; man könnte auch sagen: in verschiedenen Wirklichkeitsbereichen, die ihre eigenen Regeln haben, nach denen sich unsere Individualität stärker oder weniger stark modifiziert. Ein eigenes Wirklichkeitsverständnis der Literaturwissenschaft gibt es nicht. Es gibt das je eigene des Literaturwissenschaftlers aus der Summe seiner Welterfahrung, und es gibt das Wirklichkeitsverständnis der Autoren, wie es sich in ihren Werken niederschlug. Nach dem Gesetz des „hermeneutischen Zirkels", also: weil immer auch Vor-Verständnisse unser Verstehen leiten, habe ich, als das die Werke befragende Subjekt, mein „Wirklichkeitsverständnis" zu denen der Texte ins Verhältnis zu bringen. Es geschieht zunächst unwillkürlich, bedarf aber einer strengen Selbstkontrolle. Diese „Wirklichkeitsverständnisse" sind oft sehr verschieden, individuell wie epochenspezifisch. Die Glaubensgewißheit einer vom Schöpfer gesetzten Weltordnung ergibt etwa bei den Dichtern des 17. Jahrhunderts einen anderen Wirklichkeitsbegriff als bei den Autoren des bürgerlichen Realismus im 19. Jahrhundert, deren rein säkulares Wirklichkeitsverständnis von den modernen Wissenschaften und Praktiken der Naturbeherrschung bestimmt wurde. Freilich: „Wirklichkeitsbegriff" und „Wirklichkeitsverständnis" – das sind Abstraktionen. Wir sprechen ja nicht von philosophischen Abhandlungen, sondern von Literatur, von größtenteils fiktionalen Sprachkunstwerken, die uns ihr Weltverständnis mit den Mitteln der literarischen Darstellung nahebringen.

S: Aber suche ich nicht immer auch nach der Beschreibung von Wirklichkeit, wie sie von einem Autor vorgelegt wird, wie er sich ihr angenähert hat? Geschieht da nicht Konstruktion von Wirklichkeit?

N: Ja, Konstruktion oder Entwurf – aber es ist prinzipiell eine andere Wirklichkeit, eine der Kunst, eine aus Sprache, konstruiert oder entworfen in den Traditionen der Literatur als Kunst. Dies schließt Ähnlichkeiten mit den je eigenen Erfahrungen und Weltverständnissen der Leser natürlich nicht aus – weshalb würden wir sonst wohl lesen? –, aber es ist immer eine mehr oder weniger andere Welt, in die ich mich lesend hineinbegebe. Ich kann lesend aufs innigste „bei mir" sein, immer aber befinde ich mich zugleich im Alibi der Kunst.

S: Um auf die Phantasie zurückzukommen: Könnte man sagen, daß Phantasie etwas ist, das geschieht? Quasi im Entstehen des Werkes sich einstellt? Ist mit der Inspiration zugleich Phantasie am Werk, die dem Werk dann auch eine ganz bestimmte sprachliche Gestalt gibt?

N: Da fragen Sie mich etwas sehr Diffiziles, ich weiß darauf kaum zu antworten. Inspiration und Phantasie – wie kann ich sie unterscheiden? Vielleicht sind dies nur zwei Worte für das, was mich staunen macht bei meiner Lektüre. Oder: Wie groß ist der Anteil der Phantasie, wie groß der Anteil der Arbeit beim Entstehen eines Kunstwerks? Wie verhalten sich Inspiration und Kalkül zueinander? Darüber können uns auch die Schaffenden selbst nur sehr vage unterrichten. Andererseits gibt es seit jeher in den Künsten ein (nennen wir es mal so) Doping-Problem, Versuche, die Inspiration zu erzwingen, die Phantasie zu stimulieren. Bei Baudelaire oder Georg Trakl waren es Drogen, Jean Paul bevorzugte das Bayreuther Bier. Daß sogar das Lexikon eine Art Inspirator sein kann, zeigt ein wundervoller Text von Günter Eich. Ich meine die Geschichte „Hilpert", die Sie als Theologen besonders interessieren könnte, denn sie handelt von der Stiftung eines „neuen Glaubens", der Religion des Alphabetismus.

S: Und wie stiftet er diese neue Religion?

N: Nicht Günter Eich, sondern sein Hilpert. Ich lese es Ihnen vor: *„Hilperts Glauben an das Alphabet verhalf ihm zu der Entdeckung, daß auf die ‚Erbsünde' ‚Erbswurst' folgt. Auf diesem Punkt wollen wir verharren und uns die Konsequenz nicht nehmen lassen. Die Konsequenz ist das Erbteil. Bei Hilpert eine leicht geneigte Wiese mit Obstbäu-*

men, eine Einödvilla im Oberpfälzer Wald und das sech-
zigteilige Zinkbesteck aus einem adligen Zweig. Aber wir?
Ich und meine Kinder erben nichts, wir waren schon bei
der Erbswurst benachteiligt. Der Übergang zu Esaus Lin-
sen ist auch irrig, weil er aus der Sache kommt. Wir haben
uns alle, Hilpert, meine Familie und ich für das Alphabet
entschieden. Da sind die Zusammenhänge eindeutig und
nachweisbar ohne alles Irrationale. Oft sprechen wir
abends freudig erregt über unseren Glauben. Erdmuthe ist
zuständig von A bis Differenz, ich für Differenzgeschäfte
bis Hautflügler, Robinson für Hautfunktionsöl bis Mitter-
wurzer, Alma von Mittenwald bis Rinteln. Für den Rest
fehlen uns mindestens zwei, wir hoffen auf Enkel."
Eine „Religion" ist gestiftet worden, der Alphabetismus.
Sie leben im Alphabet! So geht das Werk an. Ein toller
Unsinn, aber ein ganz bitterer Text eines Autors, der einmal als religiöser Dichter begonnen hatte. Weil wir von
Phantasie sprechen: Das Alphabet vermittelt hier das
schlechthin Unvermittelbare, Willkürlichkeit und Ordnung, Phantasie und System. Die sind hier identisch, so
sehr eines wie Unsinn und Sinn in Eichs spätem Text. Das
Alphabet stiftet die wenigstens lexikalische Ordnung einer
unüberblickbaren Wirklichkeit. Es ist eine Scheinordnung
von trivialer Verläßlichkeit, ohne alle Irrationalität – sie
wird hier gelebt als ein „wunderbarer Glauben".

S: Diese Scheinordnung kann aber auch Angst machen; sie
   bedrückt.

N: Ja, sie macht auch Angst, man traut dem eigenen Lachen
   nicht. Ohne die Erfahrung von Angst wäre ein solcher Text
   auch nicht geschrieben worden.

R: Ich muß noch einmal nachhaken: Können Sie zu Phänomen und Sachverhalt Phantasie noch etwas Begriffliches
   sagen, oder geht Ihnen das als Literaturwissenschaftler
   von vornherein gegen den Strich? Wie steht es bei Ihnen
   diesbezüglich mit Begriffsarbeit?

N: Ohne Begriffe, Termini und gewisse Modelle, ohne ästhetische Theorie oder wenigstens den Versuch, das Interessenfeld theoretisch abzustecken, ist keine Wissenschaft. Ohne Begriffe – nicht allzu scharf definierte, wie ich meine, – und ohne saubere Termini werden wir uns nicht gut verständigen können. Ich sage aber denen, die bei mir studieren, immer wieder: Schwafelt nicht in den Bahnen irgendeines Systems herum, das jeder Terminologie mitgegeben ist, sondern schaut zu allererst und mit mehr als nur Euren zwei Augen in die Texte! Geht lieber zunächst über die Beschreibung der erkennbaren Sprach-Sach-Verhalte so nahe wie möglich zum Text. Daß bereits dies unter gewissen Theorie-Vorgaben geschieht, brauche ich hier nicht weiter zu erläutern. Was aber eine spezielle Theorie der Phantasie betrifft, so ist sie in jeder Ästhetik immer bereits enthalten. Der „Witz", wie das 18. Jahrhundert dieses Wort verstand: als Fähigkeit, Ähnlichkeit zwischen entfernten Sachen zu finden und diese zu verknüpfen, hat viel zu tun mit dem, was wir hier im Gespräch ziemlich großzügig „Phantasie" nennen. Gleiches gilt für die Kategorie des „Wunderbaren" in den Poetiken der Aufklärung. Nochmals: Eine ästhetische Theorie ohne Bezug auf „Phantasie", wenn auch vielleicht nicht immer unter diesem Namen, würde ihren Namen nicht verdienen.

R: Wenn ich Sie recht verstehe, heißt das: Erst sind die „Sachen", die „Stoffe", in denen Phantasie vorkommt und spielt, wahrzunehmen; an ihnen hat sich die begriffliche Konstruktion von Phantasie zu orientieren – nicht anders!

N: Ich bin nicht ganz sicher, was Sie unter „begrifflicher Konstruktion von Phantasie" verstehen, und ob es einer solchen überhaupt bedarf. Gewiß nur von Fall zu Fall, insofern sich Phantasie unter verschiedenen Bedingungen jeweils anders zu erkennen gibt. Sie ist nie ein Allgemeines, immer das Besondere und aufs engste mit Originalität und Eigenheit verbunden. Das gilt für die *produktive* Phantasie der Künstler wie für die *rezeptive* ihrer Leser, Betrachter oder Hörer.

3. Textlektüre und Bibellektüre

S: Wenn ich einen Text lese, entsteht auch ein Verstehen des Textes, das über die bloße Frage: Wie hat das der Autor verstanden? hinausgeht.

N: Über das, was wir jeweils unter „Verstehen" verstehen, müßten wir sicher ein anderes, vielleicht sehr langes Gespräch führen. In welchem Verhältnis steht das, was ich verstehe, zur Autor-Intention? Wie kann ich mich dieser unter den Bedingungen ihrer artistischen Vermittlung und der Fiktionalität des Mediums versichern? Das sind Probleme der Verstehenslehre, der Hermeneutik. Jedenfalls gilt: Erst durch mich, den Leser, und in mir verwirklichen sich die Texte.

R: Beim Thema „Bibel und Phantasie" interessiert mich: Welche biblischen Texte lesen Sie selber gern? Wo zieht es Sie hin?

N: Natürlich zum Hohelied. Seit Herder lesen wir es als erotische Dichtung. Klaus Reichert hat es im Residenz-Verlag gerade neu übersetzt, eine sehr schöne neue Übertragung mit allen „Würfen und Sprüngen", die da drin sind, um es mit Herders Worten zu sagen. Also, das Hohelied natürlich, den Prediger, die Psalmen, ganz gewiß das Buch Ruth, das Buch Hiob, auch den „kleinen" Propheten Jesus Sirach und so weiter durchs Neue Testament: Bergpredigt, Passion bis in die Apokalypse.

R: Was fasziniert den Literaturwissenschaftler, wenn er biblische Texte liest?

N: Ich kann nur für mich sprechen. Ich lese die biblischen Texte als Literatur, zwar mit einem besonderen Respekt, da ich um das historische Schicksal und die kulturprägende Kraft dieses „Buches der Bücher" weiß. Was es für Juden und Christen heilig macht, habe ich selbst in frühen Jahren erlebt. Um aber ein Beispiel zu geben, nenne ich Hiob. Dieser Heimgesuchte ist der Prototyp des leidenden

Menschen und auch der Empörung gegen die ungerechte Verteilung der Glücksgüter und des Leids – hier schreit sie zum Himmel. Seine Wanderung und historische Modifikation durch die Literatur in verschiedenen Epochen ist auch ein faszinierendes Seminarthema für Germanisten.

S: In der Literatur werden ja ganz häufig biblische Themen verwendet. Wie oft tauchen Adam und Eva auf, wie oft Hiob! Wie oft das Hohelied! Kommen die Autoren an diesen Inhalten vorbei?

N: Ein bedeutender Roman der literarischen Moderne hat den Namen des Ulysses als Titel, ein anderer heißt „Joseph und seine Brüder". Mit allem, was wir tun und empfinden, stehen wir in den Traditionen unserer Kultur. In den Künsten manifestiert es sich am deutlichsten.

R: Ihre Faszination spüre ich. Wie geht es diesbezüglich Ihren Studierenden?

N: Da werde ich mich mit einem allgemeinen Befund lieber zurückhalten. Ich möchte als Literaturwissenschaftler und akademischer Lehrer ein guter Agent der Kunst sein, also nicht nur Kenntnisse und die Professionalität des philologischen Metiers vermitteln, sondern Begeisterungen wekken. Manchmal gelingt das wohl. Dabei kommt es immer auf den Einzelnen an, nicht auf die Menge. Jede Begegnung mit Werken der Kunst fordert und fördert im Wahrnehmen von Individualität unsere eigene.

R: Haben Textlektüre und Bibellektüre ihren Wert in sich?

N: Ihre Frage scheint mir auf den Wert von Literatur, Kunst und Mythos zu zielen, auf deren Wert schlechthin. Sie überliefern uns ein Repertoire von Bildern, Gestalten und Situationen menschlicher Grunderfahrungen. In diesen Bildern, Figuren und Lebensmodellen ist etwas „zur Sprache" gebracht, wofür der Einzelne kaum eigene Worte findet. Dieses uns Vorgesprochene ist uns zur Aneignung verfügbar, das kann eine große Bereicherung, kann Steigerung, Vergeistigung, Hilfe bedeuten. Wenn dies aber die Wirkung gewisser literarischer Werke ist, so leisten dasselbe gewisse biblische Schriften ganz gewiß auch.

S: Ich möchte jetzt dazu ganz provokativ sagen: Für Christen ist die Bibel mehr als Literatur. Sie ist auch mehr als Fiktion. Sie hat ja ihren Anspruch, daß ich in dem, was ich lese, Gottes Wort höre, und daß sogar der Heilige Geist mir hilft zu verstehen, zu entdecken. Das ist eine Phantasie, die zwar nicht gelenkt ist, Gott sagt nicht: So und so hast Du das zu verstehen. Da würde ich als Leser ja völlig ausfallen. Aber im Lesen eines Textes, z. B. Ruth, da passiert mit mir etwas im Lesen. Da komme ich auf eine Spur von Leben, von Freundschaft, von Erfahrung. Ich entdecke, wie Israel gelebt hat mit Fremden usw.

N: Na ja, bei Karl May können Sie auch ziemlich viel über das wilde Kurdistan, über ein paar Menschen und über Sitten und Bräuche erfahren.

S: Ist die Bibel nicht noch etwas anderes als Literatur? Ich erhoffe von ihr Leseerfahrungen, in denen mir Weisung zukommt für mein Leben. Daß ich im Lesen etwas vernehme, was ich mir selber nicht sagen kann, sondern als Wort Gottes für mein Leben erhoffe. Was ist die Bibel also?

N: Jemand sagt: „Hermann Hesses ‚Siddharta' ist für mich viel mehr als Literatur, das ist für mich eine Bibel." Ich erwähne dies, weil es immer wieder Bücher gab, gibt und geben wird, die jemandem geradezu „heilig" sind, die ihn prägen, erbauen, ihm „Weisung" bedeuten. Dazu bedarf es nicht der theologischen Prämisse, daß es sich um Gottes Wort handele. Wenn ich die Gottessohnschaft Christi nicht annehmen kann, die Auferstehung und das Heilsversprechen seiner Auferstehung nicht glaube, wenn ich also kein Christ bin, ist die Bibel kein Buch der Offenbarung, aber für einen solchen Menschen noch immer ein ganz besonders kostbares und beispiellos wirkungsmächtiges Buch: geheiligt durch jüdisch-christliche Geschichte. Um dieses Buch ist gestritten und gelitten worden, es ist das

„portative Vaterland" der Juden (so hat es Heine genannt) und das Grundbuch des Christentums. – Welch ein Buch! Aber die theologische Prämisse, dieses sei das „Wort Gottes", die muß ich glaubend teilen, sonst ist meine Lektüre der Bibel eben nicht von einer prinzipiell anderen Art.

S: Also Sie würden sagen, daß die Odyssee mit der Bibel vergleichbar ist?

N: Vergleichbar ja, qua Literatur. Sie sehen, ich habe einen sehr hohen Begriff von der Literatur. Bedeutet dies eine Nivellierung der Heiligen Schrift, so ist es zugleich eine Art Heiligung der großen literarischen Werke.

S: Die Frage ist nur, was diese Heiligung bringt.

R: Das kann wahrscheinlich der Literaturwissenschaftler nicht mehr als Literaturwissenschaftler sagen?

N: Ich meine damit einen hohen, bisweilen gar höchsten Respekt vor den Leistungen des menschlichen Geistes und der schöpferischen Phantasie.

R: Im Umgang mit jungen Menschen während ihres Studiums fällt mir oft auf, daß ihnen wenig klar ist, was sie von der Lektüre biblischer oder religiöser Texte haben. Auf die Frage, was wir denn von solcher Lektüre haben, antworte ich gerne: Wirklichkeits-Zugewinn. Seit ich bei meiner Lektüre biblischer Texte mehr auf die ihnen innewohnende Phantasie achte, merke ich, wie Vorstellungs- und Einbildungskraft des Glaubens die Wirklichkeit veränderlich erscheinen lassen. So kann ich mögliche Horizonte entdecken, die ich vorher nie wahrgenommen hatte. Denken Sie nur an jenen biblischen Weinbergbesitzer, der zu fünf unterschiedlichen Tageszeiten fünf Arbeitergruppen dingt und ihnen allen den gleichen Lohn gibt.

N: Derselbe Lohn für ungleiche Arbeit – das machen Sie mal den Gewerkschaften klar . . .!

R: Aber wird denn in diesem Gleichnis unsere so fest zementierte Wirklichkeit nicht in Frage gestellt und „flüssig" gemacht auf Veränderung hin, und zwar in einer ganz extravaganten Weise?

N: Nein, das verstehe ich ganz anders und durchaus nicht als jesuanische Extravaganz. Das Gleichnis, weit davon entfernt, uns eine ungerechte Besoldung zu empfehlen, scheint doch sagen zu wollen: Im Himmelreich wird mit anderen Maßen gemessen als in unserer irdischen Arbeitswelt, die hier nur die Gleichnis-Ebene abgibt. Anders als im Gleichnis und mit Hilfe von irdischen Realien kann Transzendentes gar nicht vermittelt werden. Mir scheint, daß der biblische Gottessohn als Hebräer mit seinen Gleichnisreden fast gegen das jüdische Bilderverbot verstößt.

R: Aber die Bibel ist voller Bilder.

S: Besonders das Alte Testament.

N: Es sind aber keine Gottesbilder, nicht im Alten Testament.

R: Offensichtlich sind Ihre Studierenden an der Lektüre biblischer Texte unter literaturwissenschaftlichen Gesichtspunkten durchaus interessiert. Warum stößt dann die Theologie Ihrer Meinung nach auf wenig Interesse und Zuspruch in der Öffentlichkeit?

S: Ich meine, die Theologie hat es ja wirklich schwer im Moment; sie hat es schwer mit ihren Texten.

N: Theologie und Kirche, aber hier muß man wohl den Plural verwenden: Theologien und christliche Kirchen. Die Differenzierungen innerhalb der christlichen Religion im 16. Jahrhundert waren, als Relativierungen, der Anfang jenes fortschreitenden Verlustes an allgemeiner gesellschaftlicher Verbindlichkeit. Das aber hatte – wir wissen und erleben es täglich – auch die Relativierung vieler vormals christlich bestimmter humaner Verbindlichkeiten zur Folge. Sie betreffen das für unsere Kultur durch Jahrhunderte

58

geltende Menschenbild. Nehmen wir nur die päpstlichen Dekrete zur Empfängnisverhütung und zum Schwangerschaftsabbruch, die von der Mehrheit als skandalös unzeitgemäß empfunden werden. Hier wird gegen den Zeitgeist an einem Menschenbild von vormals unbestreitbarer Dignität festgehalten. Wenn es ein solches horrend reaktionäres Nein als in die Geschichte hineingesprochenes Gegenwort – wie vergeblich auch immer – nicht gäbe, wie widerspruchslos, wie leichtfertig würde man wohl hinweggehen über dieses elementare ethische Problem. Dem kann ich, wenn auch im Zorn, meinen Respekt nicht versagen. Das aber ist ja die Paradoxie, in der wir leben, und es ist die Paradoxie auch der Kirchen in der so radikal säkularisierten Welt. Sollen sie dem Zeitgeist folgen oder ihm immer wieder auch opponieren?

R: Eine letzte Bemerkung. Wir reden hier mit Ihnen – so üblich im akademischen Gespräch – *über* Phantasie in biblischen Texten, statt sie selber zu lesen, wahrzunehmen und uns für sie zu öffnen. Bleiben wir so uns und anderen nicht viel an Affizierungsmöglichkeiten, Inspiration und Phantasie schuldig?

N: Ja, heute in unserem Gespräch gewiß. Aber andernorts und bei anderen Gelegenheiten vielleicht doch nicht immer. – Ich habe zwölf Jahre lang in Fribourg/Schweiz gelehrt, an einer Universität mit katholischer Tradition. Dort gab es einen Professor der Anatomie, der seine Studenten vor jedem Präparierkurs zum gemeinsamen Gebet versammelte, eher durften sie nicht an die Leichen. Das biblische „Er schuf uns nach seinem Bilde" war für ihn und vielleicht auch für manchen dieser angehenden Mediziner kein leeres Wort. Ich war nicht dabei, doch es geschah und es grub sich mir ein.

***

II.

CHRISTLICHER GLAUBE UND PHANTASIE

Das Spiel der Begriffe – oder: Wie phantasievoll muß die Dogmatik sein?

Wolfgang Schoberth

Die Zusammenstellung der Begriffe ‚Phantasie‘ und ‚Dogmatik‘ mag überraschen, gilt doch Dogmatik weithin als Inbegriff des Starren, Unbeweglichen und Engen. *Kann* Dogmatik überhaupt phantasievoll sein? Und wenn sie es kann: Muß sie dann nicht letztlich aufhören, Dogmatik zu sein? Diese verbreitete Einschätzung liegt nun nicht nur im alltagssprachlichen Gebrauch des Wortes ‚dogmatisch‘ begründet – das Duden-Fremdwörterbuch gibt als Synonym für ‚dogmatisch‘ an: „starr an eine Ideologie gebunden bzw. daran festhaltend; hartnäckig u. unduldsam einen bestimmten Standpunkt vertretend“ –, sondern ist auch in der theologischen Fachwissenschaft, die es besser wissen müßte, verbreitet. Dort wie hier dient der Ausdruck ‚Dogmatik‘ für das, wovon man sich absetzen will: Als Selbstbezeichnung dürfte ‚dogmatisch‘ jedenfalls kaum erscheinen. Und in der Tat gibt es hier wie da Engstirnige, vor lauter Ängstlichkeit Vergangenheitsverfallene, die an Überkommenem festhalten, ohne sich den Veränderungen der Welt zu öffnen. Hier läßt sich bequem gegen das Dogmatische polemisieren, dem gegenüber die eigene Position als das Offene und Realitätsgerechte erscheint. ‚Dogmatisch‘ ist immer die theologische Position des anderen, der, wenn er nur weniger starrköpfig wäre, sicher die eigene Position übernehmen würde.

Für die Tradition, die diese scheinbar anti-dogmatische Haltung hat, kann der berühmte Aufsatz von Ernst Troeltsch „Über hi-

63

storische und dogmatische Methode in der Theologie" von 1898 stehen.[1] Wie kaum anders zu erwarten, ist die Neutralität, die der Titel vorgibt, rhetorisch: Für Troeltsch ist die ‚dogmatische' Methode längst obsolet und die ‚historische' Methode für einen Theologen, der Wissenschaftler – also wahrheitsfähig und modern zugleich – sein will, die selbstverständlich verbindliche. Freilich ist die Alternative, die ihm selbstverständlich erscheint, keine: Nicht nur ist die von ihm favorisierte ‚historische' Methode selbst ‚dogmatisch', weil sie sich über ihre eigene Geltung und ihre Grenzen keine Rechenschaft ablegt, sondern mit dem wissenschaftlich unbedingt Gebotenen identifiziert. Auch sind die beiden von Troeltsch genannten Parteien keineswegs die einzigen Möglichkeiten, die sich der Theologie bieten. Vielmehr ist die Theologie gut beraten, wenn sie keinen der beiden Wege geht. Gegenwärtig sind es freilich weniger die historischen Wissenschaften als die empirischen, die Verbindlichkeit beanspruchen; die Argumentationsmuster Troeltschs kehren dennoch kaum modifiziert wieder. Im folgenden will ich zeigen, daß auch hier die Alternative irrführend ist: Der anti-dogmatische Affekt führt keineswegs ins Freie, sondern in neue, unreflektierte Abhängigkeiten.

Dogmatischer Enge gegenüber erscheint ‚Phantasie' als der Ausdruck des Offenen schlechthin: das Abstreifens der Fesseln des Vergangenen, mithin die Haltung, die sowohl den Erfordernissen gesellschaftlicher Modernisierung als auch individueller Freiheit entspricht. Vom gängigen Gebrauch der Begriffe aus stehen ‚Dogmatik' und ‚Phantasie' in Opposition; und wenn die ‚Dogmatik', so sie als wissenschaftliche Disziplin überhaupt eine Überlebenschance haben will, ist gut beraten, wenn sie sich der ‚Phantasie' weit öffnet.

---

1 E. Troeltsch, Ueber historische und dogmatische Methode in der Theologie; in: ders., Gesammelte Schriften Bd. 2: Zur religiösen Lage, Religionsphilosophie und Ethik, Tübingen 1913, S. 729–753.

1. Phantasie und Dogmatik

Diese erste Sicht der Dinge hat viel für sich. *Dogmatik*, so die These, die ich vertreten will, *muß voller Phantasie sein*, wenn sie Dogmatik bleiben will. Aber das ist zunächst noch eine formale Aussage; ebenso formal wie die abstrakte Entgegensetzung von Dogmatik und Phantasie. Dabei ist nämlich noch völlig offen, was jeweils unter den Begriffen zu verstehen ist; es wäre erst zu fragen, wie eine Dogmatik aussehen müßte, die der Phantasie den Raum gibt, den sie braucht. Dabei ist schon vorausgesetzt, daß Dogmatik überhaupt notwendig ist, was freilich erst noch begründet werden muß. Aber auch der Begriff der Phantasie versteht sich keineswegs von selbst. Der verbreitete unkritische Gebrauch des Ausdrucks ‚Phantasie‘ hat zwar einige Suggestivkraft, kann aber vielleicht das Wichtigste verstellen. Welches ist die Phantasie, deren Lob so selbstverständlich scheint? Wäre da nicht genau zu unterscheiden, ob das, was als Phantasie erscheint, diesen Namen auch verdient? Darum muß die erste These um eine zweite ergänzt werden: *Phantasie ist nicht das scheinbar ungebundene Schweifen der Gedanken, sondern bedarf der spezifischen Konzentration*. Das gilt nicht nur in der Theologie, sondern ist schon deutlich genug in dem anerkannten Reservat der Phantasie: der Kunst.

Prägnant beschreibt das Albrecht Fabri:

> „Eine Naivität ja auch, zu meinen, daß just das Höchste seiner Kunst den Künstler *nichts koste*! Gleichwohl behaupten das die Anhänger des ‚unverhofften Geschenks von oben‘. ... Dem Gedicht einen Ursprung erfindend, nehmen sie einen Intellekt an, groß genug, es ohne Mühe aus sich zu entlassen. Aber dieser Intellekt ist eine Mythe. Er ist nicht die Ursache, sondern die Wirkung des Gedichts, welches ja in der Tat nicht von jenem Herrn Y ist, der seinen Namen drunterschreibt. Von wem denn? – Von einem Verfasser, dessen gewöhnliche Augenblicke aus dieses Herrn Y seltensten gemacht sind. – Wie das? – Kraft der Abstinenz, derer Herr Y Herrn Y gegenüber fähig ... Kraft seiner Geduld, hundert sich anbietende Verse *nicht* zu

schreiben (den banalen Herrn Y hundertmal zum Teufel zu schicken) ... *Die eigentliche Muse ist die Kritik.*"[2]

Wenn aber Phantasie solcher Disziplin bedarf, dann muß bedacht werden, woran diese sich bemißt. Kritik braucht Kriterien; und es macht die Qualität kritischen Denkens aus, daß diese Kriterien nicht selbst wieder unreflektiert bleiben. Die Artikulation der Geltung solcher Kriterien, aber auch ihre Kritik ist die Aufgabe der Dogmatik. Phantasie und Dogmatik sind darum keine abstrakten Gegensätze, sondern durchdringen einander, so daß die beiden genannten Thesen sich verbinden: *Dogmatik und Phantasie sind aufeinander angewiesen; eine phantasielose Dogmatik wird ebenso leblos und damit inhaltsleer, wie die Phantasie ohne kritische Disziplin willkürlich und damit kraftlos wird.*

Von hier aus erklärt sich auch der Titel meines Beitrags: Ich will zeigen, daß Dogmatik nicht einfach die Wiederholung tradierter Begriffe und Aussagen sein kann, sondern zum Spiel mit ihnen verpflichtet ist. Sie haben ihr Leben im experimentellen Gebrauch, im Ausprobieren ihrer Leistungsfähigkeit und der neuen Perspektiven. Anders als in solcher Beweglichkeit ist keine sachhaltige Dogmatik möglich. Das Spiel der Begriffe ist aber keineswegs das modische Basteln und Analogisieren, das die christliche Tradition als Steinbruch nutzt, um in erhöhtem Ton das auszusagen, was man schon vorher wußte. Das Spiel der Begriffe ist also sowohl das Gegengift gegen den Fetischismus der Begriffe wie gegen deren Entwertung. Im Bereich des Denkens ist aber Phantasie ohne die Präzision des Begriffs betäubt.

Um in den Blick zu bekommen, welche Bedeutung der Phantasie für die theologische Arbeit zukommt, unternehmen die folgenden Überlegungen demnach eine doppelte Abgrenzung: Sie wenden sich ebenso gegen eine Fixierung des theologischen Denkens und Sprechens auf tradierte Begriffe und Formeln wie auch gegen eine naiv affirmative und unreflektierte Berufung auf Phantasie, die sie zur Floskel verkommen läßt, die nur dazu gebraucht wird, um sich gegen

---

2 A. Fabri, Der rote Faden. Essays, München 1958, S. 39.

die Unbeweglichkeit des Gegenübers abzusetzen, selbst aber keinen bestimmbaren Gehalt hat. Dieser ungeklärte Gebrauch des Ausdrucks ‚Phantasie' ist auch theologisch weit verbreitet: Der Begriff weckt spontane Zustimmung; daß Phantasie gut sei, darauf kann man sich verlassen. Wenn ‚Phantasie' zur Floskel wird, so ist aber die Befreiung, die der Begriff verheißt, verspielt.

2. Die Ambivalenz der Phantasie

Nicht nur die Alltagssprache belehrt darüber, daß ‚Phantasie' von eigentümlicher Mehrdeutigkeit ist: Die produktive Vorstellungskraft wird ebenso Phantasie genannt wie das Trugbild. Diese Ambivalenz eignet dem Begriff der Phantasie seit seinen Anfängen, der bei seinem ersten Auftreten deutlich negativ besetzt ist:[3] Platon sagt im Staat von der Gottheit, daß sie die Menschen nicht betrügt – weder durch Erscheinungen (*kata phantasias*) noch mit Worten etc.: Phantasie ist demnach die Erscheinung dessen, was in Wahrheit nicht ist. Erscheinung ist Phantasie schon der Etymologie nach: Das Wort ist eine Ableitung von *phaino*: scheinen, leuchten, sichtbar werden, erscheinen; der Wahrheitsgehalt dessen, was erscheint, ist jedoch zweifelhaft. Gleichwohl kann die Erscheinung gleichsam das Sichtbarwerden des wesentlich Unsichtbaren sein: Phantasie wird zum Erkenntnisorgan sui generis. Dies stellt Aristoteles heraus, indem er die Phantasie zwischen Wahrnehmung und Denken verortet und damit sowohl das Moment des Produktiven (man kann willentlich phantasieren) wie des Rezeptiven (Phantasien lassen sich wiederum nicht produzieren) zur Geltung bringt. Im Erinnern ist die Erkenntnisleistung der Phantasie offensichtlich: Das Vergangene, das anders gar nicht zugänglich wäre, erscheint wieder vor Augen. Die Richtung auf Zukunft er-

---

3 Zur Begriffsgeschichte vgl. die Artikel zum Stichwort ‚Phantasia', in: Historisches Wörterbuch der Philosophie Bd. 7, Sp. 516–535, und ‚Einbildung, Einbildungskraft', in: a. a. O., Bd. 2, S. 346–358.

hält Phantasie in der Stoa: Damit ein Mensch handeln kann, muß er zunächst eine Vorstellung davon haben. In ihrer Funktion als Erkenntnisvermögen muß unterschieden werden zwischen Phantasien, die auf Wirkliches (wenngleich vielleicht nicht Gegenwärtiges) gehen, und solchen, die irreale Gebilde vorstellen. Diese Unterscheidung faßt Augustin terminologisch: *Phantasma* steht für das Trugbild, das vom Vorstellungsvermögen (*phantasia* oder *imaginatio* – beide Ausdrücke werden weithin synonym gebraucht) unterschieden werden muß, wenngleich auch die Phantasie negativ bewertet wird, weil sie an die Sinnenwelt gebunden bleibt. Neben diese Abwertung der Phantasie tritt aber auch bereits im frühen Mittelalter ihre Anerkennung als ein Organon der Wahrnehmung der Erscheinung des Göttlichen.

Das Bewußtsein für die Uneindeutigkeit der Phantasie durchzieht die ganze Geschichte des Begriffs; neben der Einsicht in die Unverzichtbarkeit der Phantasie für die Erkenntnis steht das Bewußtsein dafür, daß die Phantasie in die Irre zu führen vermag. Die produktive Bedeutung der Phantasie erhält erst im Gefolge der Romantik das Übergewicht: Die romantische Betonung der Kunst läßt die Phantasie als Inbegriff des Künstlerischen am Künstler zum Organon des Widerstands gegen das ungelebte Leben werden, wie es sich in den Erzählungen von E. T. A. Hoffmann vielleicht am dichtesten ausspricht. Daß die Kritik der gesellschaftlichen Unfreiheit sich romantisch aber in der Phantasie manifestiert, kann auch den Vorwurf nach sich ziehen, daß hier die Flucht in die Irrealität angetreten werde: Phantasie als Vertröstung. Die Kritik der Religion und die Kritik der Phantasie treten so zusammen, während Ernst Bloch in der utopischen Phantasie wiederum das Organon gesellschaftlicher Veränderung erkennt. Es ist nicht zuletzt diese zugleich sozialkritische und romantische Wendung, die die Konjunktur des Phantasiebegriffs in der Theologie ausmachen dürfte. Ich sehe freilich keinen Anlaß, diese sozialromantische Herkunft geringzuschätzen, im Gegenteil: Hier drücken sich Impulse aus, die mir theologisch essentiell erscheinen.

3. Phantasie und Gehorsam

Die Wendung zur konkreten und politischen Utopie steht auch im Hintergrund von Dorothee Sölles kleiner, aber wirkungsvoller Schrift von 1968, die den Titel „Phantasie und Gehorsam" trägt, in ihrer Durchführung doch eher die Formulierung ‚Phantasie *statt* Gehorsam' nahelegt. Hier umreißt Dorothee Sölle programmatisch die Gestalt von Theologie, die nach ihrer Überzeugung an der Zeit ist, und projektiert eine christliche Ethik, deren Zentrum die Phantasie ist. Statt Gehorsam wäre demnach Phantasie „ein deutlicheres Grundwort für die Christen in einer radikal sich ändernden Welt"[4] und sollte den Gehorsam als Schema ablösen. Nach dreißig Jahren scheint mir eine Revision ihrer Überlegungen nötig; dies aber gerade nicht, um den Aufbruch, den Sölle markiert, zurückzunehmen, sondern um seiner eigenen Impulse willen. Damit das, was Sölle als Phantasie benennt, neu zur Geltung gebracht werden kann, scheint mir die Betonung *beider* Momente erforderlich. Diese Revision ist notwendig geworden, weil die gesellschaftlichen und theologischen Veränderungen, die sich seitdem zutrugen, um die Einlösung der Hoffnungen, deren Ausdruck Sölles Darstellung ist, betrogen haben. Die Eliminierung dessen, was bei Sölle als ‚Gehorsam' erscheint, hat die Phantasie nicht befreit, sondern neutralisiert und konsumförmig gemacht.

Sölle selbst benennt den irreduziblen Zusammenhang von Phantasie und Gehorsam, wenn sie die geforderte Ablösung des Schemas ‚Gehorsam' durch das Schema ‚Phantasie' mit einem Motto versieht, das sie Rudolf Bultmanns „Theologie des Neuen Testaments" entnimmt: Es geht ihr um „die freie Tat des Gehorsams, in der das neue Ich an Stelle des alten sich konstituiert".[5] Daß in ihren eigenen Überlegungen Gehorsam fast durchweg negativ bewertet wird, ist in dem

---

4 D. Sölle, Phantasie und Gehorsam. Überlegungen zu einer künftigen christlichen Ethik, Stuttgart/Berlin (7. Auflage) 1976, S. 37.

5 R. Bultmann, Theologie des Neuen Testaments; hg. von O. Merk, Tübingen 1977 (7., durchgesehene, um Vorwort und Nachträge erweiterte Auflage), S. 317; zitiert bei D. Sölle, Phantasie und Gehorsam, S. 37.

ideologischen Gebrauch des Begriffs begründet, der auch und gerade in der christlichen Tradition zu beobachten ist.

In „der Geschichte der Kirche beriefen sich auf Gehorsam immer die, für die die Welt eine selbstverständliche, unwandelbare Ordnung hatte, eine Ordnung, die man dann gern ‚Schöpfung‘ nannte. Gehorsam war dann immer Ausführung der Befehle, die die Ordnung bewahren sollten. Da diese Ordnung selber nicht befragt wurde, ob sie gut sei und für wen, war es leicht möglich, daß andere Herren mit dem gleichen Recht Gehorsam für eine andere, ebenfalls naturhaft gedachte Ordnung forderten: die des Staates oder die der Herrenrasse oder die des Neokolonialismus. Das Gemeinsame dieser verschiedenen Ordnungen, die Gehorsam verlangen, ist ihre vorgegebene Realität: der gehorsame Mensch bleibt re-aktiv, er erfüllt nur, was vorgegeben ist, er hat seine Spontaneität auf dem Altar des Gehorsams zu opfern."[6]

Die Kulmination dieses ideologischen Gefälles der Gehorsamsethik – „kurz der Gehorsam als Grundlage der religiösen Erziehung und Schlüsselgedanke der ganzen christlichen Botschaft"[7] – ist dann in der bedingungslosen Ausführung von Befehlen zu erkennen, die die Katastrophe des letzten Jahrhunderts erst ermöglichte. Sölle nennt hier ausdrücklich Rudolf Höß, den Kommandanten von Auschwitz, der zur ethischen Rechtfertigung der Verbrechen eben die Erziehung zum Gehorsam anführt. Sölles Protest gegen das ‚Schema Gehorsam‘, mit dem die christliche Tradition in die Vorgeschichte totalitärer Herrschaft verwoben ist, bleibt darum von fortdauernder Dringlichkeit.

4. Neue und alte Wege

Die programmatische Forderung nach einer Erneuerung von Theologie und Kirche, wie Dorothee Sölle sie erhebt, ist demnach nicht von einer bestimmten Zeitströmung abhängig und schon gar keine Anpassung an irgendeinen Zeitgeist,

---

6 D. Sölle, Phantasie und Gehorsam, S. 34.
7 D. Sölle, Phantasie und Gehorsam, S. 12.

sondern genuin theologisch begründet. Durch die Fixierung auf die traditionellen Begriffe und Aussagen der Theologie sieht sie den Glauben selbst gefährdet; in der dogmatischen Erstarrung wird nach ihrer Überzeugung der gegenwärtige Christus verdeckt.[8]

> „Wir leben in einer Zeit, da der Glaube an Christus am meisten gefährdet wird durch die, die ihn besorgt bewahren wollen. Sie haben Angst vor Veränderungen eingerichteter Denk- und Lebensgewohnheiten, sie halten Reformen für Zerstörungen und würden Christus am liebsten in einem goldenen Schrein verbergen – unantastbar und darum auch niemanden berührend, unwandelbar und darum niemanden verändernd, ewig gültig und darum möglichst weit entfernt von unserer Wirklichkeit."[9]

Das Interesse Sölles gilt der gegenwärtigen Wirksamkeit Christi, die Menschen verändert, die neue Wege eröffnet zu einem befreiten und solidarischen Leben. Dafür steht der Begriff der ‚Phantasie‘ ein: Phantasie ist die Fähigkeit, die Anstöße und die Kraft, die aus der Geschichte Christi erwächst, so für das eigene Leben zur Geltung zu bringen, daß es die tradierten Grenzen und Beschränkungen hinter sich lassen kann und neue Lebensmöglichkeiten entdeckt. Im Leben, Reden und Handeln des Jesus aus Nazareth erkennt Sölle das maßgebliche Vorbild; er ist aber vorbildlich nicht nur für solche Lebenswege, die ausdrücklich als christliches Leben zu benennen wären. Die exemplarische Geschichte, die für die Phantasie stehen kann, ist bei Sölle Bertold Brechts Kalendergeschichte von der „unwürdigen Greisin", die nach siebzig Jahren eines unauffälligen, angepaßten und

---

8 Sölle spricht ausdrücklich vom „Christus", „weil es für ein solches Lernen, das nicht historisch, sondern praktisch interessiert ist, nicht genügen kann, auf den historischen Jesus zu blicken." (A. a. O. S. 7 f.) Ob es von hier aus möglich ist, die Konzentration auf „die weitergehende Geschichte Jesu", in der seit „über zweitausend Jahren ... dieser Jesus von Nazareth" aufsteht (a. a. O. S. 8), so zur Sprache zu bringen, daß sie die Gegenwart des Auferstandenen nicht wiederum verdeckt, sondern erschließt, wäre eigens zu bedenken.

9 Sölle, Phantasie und Gehorsam, S. 7.

letztlich fremdbestimmten Lebens ihre eigenen Wege geht und dann von ihrer Umgebung als ‚unwürdig‘ etikettiert wird.

Was hier allerdings Phantasie ist, bleibt bei Sölle merkwürdig unbestimmt: Auch in der Erzählung von der ‚unwürdigen Greisin‘ ist es vor allem die Negativfolie der Anpassung und des Gehorsams, die den Begriff der Phantasie zum Leuchten bringt. Phantasie reduziert sich zunächst darauf, daß es andere Wege des Lebens gibt. Nun ist kaum zu bezweifeln, daß dies der erste und unverzichtbare Schritt jeder Befreiung ist: innewerden, daß die eingefahrenen Wege nicht die einzigen sind, daß, was ist, sich ändern läßt.[10]

Woran aber bemißt sich, daß die neuen Wege nicht nur andere, sondern vielleicht auch bessere sind? Diese Frage wird bei Sölle nicht thematisiert, sondern allenfalls implizit beantwortet durch die Kalendergeschichte Brechts und den Verweis auf das Vorbild des Jesus aus Nazareth.

Für das Beispiel der Greisin kann angeführt werden, daß die Konkretion der Phantasie hier intuitiv sympathisch ist: Die alte Frau, deren Leben weithin Verzicht war, lernt zu genießen und das in aller Bescheidenheit; sie entzieht sich neuen Begehrlichkeiten und anstatt die Familie zu unterstützen freundet sie sich mit einem verwachsenen Mädchen an, dem sie, als Zeichen des kleinen Luxus und der Schönheit, einen Hut mit Blumen schenkt.

Diese Geschichte enthält in sich die Kriterien, um zu beurteilen, daß die Phantasie der Greisin eine gute ist. Die alte Frau wird nicht selbstsüchtig, sie setzt das Ihre nicht auf Kosten der anderen durch, sondern nimmt sich das, was ihr zusteht; ihr Luxus ist so bescheiden, daß kaum jemand ihr den mißgönnen kann, und der ihr zuvor aufgenötigte Altruismus verwandelt sich in die freie und zärtliche Zuwendung zu dem Mädchen, das gesellschaftlich stigmatisiert ist. Die

---

10 Vgl. Th. W. Adorno, Negative Dialektik; Frankfurt/M. 1975, S. 391: „Nur wenn, was ist, sich ändern läßt, ist das, was ist, nicht alles." Die Formulierung erscheint bei Adorno im Zusammenhang seiner ‚Meditationen zur Metaphysik‘ und enthält deutlich eschatologische Konnotationen.

Geschichte von der unwürdigen Greisin verteilt die Sympathien eindeutig: ‚Unwürdig' können sie nur die nennen, die zuvor von ihr profitierten; der Leser steht auf seiten der alten Frau, weil sie seinen Vorstellungen vom guten Leben jetzt näher ist als zuvor. Aus der Beschreibung dieses Lebens ließen sich ethische Kategorien ableiten, die begründen können, warum dieser Weg sympathisch und richtig ist. Freilich werden diese Kriterien nicht namhaft gemacht, sondern bleiben intuitiv: Intuition aber muß gelernt werden.[11] Eine Beispielgeschichte für den Gebrauch der Phantasie anstelle des unfreien Gehorsams kann diese Erzählung nur sein, weil ihre Rahmenbedingungen die notwendige Klärung enthalten, derer die Phantasie bedarf. Solange aber die Kriterien, an denen die Phantasie sich selbst zu prüfen vermag, nicht deutlich werden, setzt sie sich selbst wiederum dem Mißbrauch aus. Das Verlassen der eingefahrenen Wege kann auch in destruktive Bahnen führen oder ins Gegenteil von Phantasie umschlagen: Die Flucht in neue Abhängigkeit und sei das auch die Reproduktion gesellschaftlich vorgegebener Schemata der scheinbaren Selbstverwirklichung.

Bei Dorothee Sölle ist es ausdrücklich das Vorbild des Jesus aus Nazareth, das diese innere Unbestimmtheit der Phantasie überwinden soll. Hier allerdings bleibt Sölle seltsam unterbestimmt, indem sie am Weg Jesu gerade das abblendet, was seine Unvergleichlichkeit und Bestimmtheit ausmacht. Damit wird die ‚Phantasie Jesu', die Sölle herausstellen will, beschnitten auf das, was in ihr an plausiblen ethischen Forderungen enthalten scheint. Wenn Jesus erscheint als ein „Mensch, der es wagte, ‚ich' zu sagen ohne Rückendeckung"[12], dann ist von ihm nicht viel mehr zu lernen als die Erneuerung der Forderung nach dem aufrechten Gang, die bei aller Berechtigung doch offen läßt, woher denn die Kraft und die Fähigkeit dazu kommen sollen. Hier liegt die größte Schwäche von Sölles Darstellung, die dann auch zur Verzeichnung führt. Jesus „verwandelte ... die Realität

---

11 Vgl. I. Schoberth, Glauben-lernen. Grundlegung einer katechetischen Theologie, Stuttgart 1998, S. 309–313.

12 D. Sölle, Phantasie und Gehorsam, S. 61.

der Menschen, mit denen er umging" nicht dadurch, daß er gesagt hätte: „‚ich' vergebe dir deine Sünden"[13] – die Zusage der Vergebung hat ihre Pointe genau darin, daß hier *Gottes* Vergebung sich ereignet und nicht die menschlich noch so sympathische und hilfreiche Annahme durch einen anderen.

5. Phantasie des Glaubens

Die Entbindung der Phantasie des Glaubens, die sich in der Verkündigung Jesu ereignet, ist nicht nur und nicht primär in seinem Vorbild und in seinem Imperativ zu finden, sondern vielmehr darin, daß er Gott neu und befreiend zur Sprache bringt.[14] Die Phantasie des Glaubens wird bei weitem unterfordert, wenn sie reduziert wird auf die Ermöglichung menschlicher Aktivität. Wenn Sölle als Erwartung Jesu herausstellt, „daß wir die Welt verändern – und eben dazu befreite er unsere Phantasie"[15], dann wird Phantasie nicht nur funktionalisiert; sie bleibt auch problematisch unterbestimmt. Nicht schon das Ereignis einer Veränderung entspräche der ‚Phantasie Jesu', sondern erst bestimmte und bestimmbare Veränderungen. Ebenso sind es nicht nur unsere Veränderungen, sondern gerade die Veränderungen, die nicht intendiert wurden und intendiert werden konnten und doch Menschen heilsam hineinziehen, in denen Gottes Gegenwart erfahrbar wird.

Vielleicht können als zeitgeschichtliche Konkretisierung die Jahre 1989/90 gelten. Grenzöffnung und Mauerfall waren nicht vorherzusehen; sie konnten auch keine sinnvolle Intention politischen Handelns sein, sondern waren im präzisen Sinn Widerfahrnisse, in denen theologisch durchaus die heilsame Gegenwart Gottes zu erfahren war. Diese Widerfahrnisse machten

---

13 D. Sölle, Phantasie und Gehorsam, S. 62.
14 Dieses Neue geschieht nun gerade nicht in einer Absetzung vom Alten, sondern im Neuwerden des Alten selbst. Wo Jesu Einzigartigkeit auf Kosten des Tradierten betont wird, sind antijudaistische Implikationen kaum zu vermeiden.
15 D. Sölle, Phantasie und Gehorsam, S. 57.

menschliches Handeln und politische Phantasie keineswegs überflüssig, im Gegenteil; auch sind diese Ereignisse nicht ohne das Handeln vieler zu verstehen, freilich nicht als dessen vorhersehbare Folge.[16] Die staatliche Einheit wiederum war Ergebnis politischen Handelns. Daß Dankgottesdienste im Herbst 1989 so selten waren und kaum nachvollzogen wurde, daß diese Ereignisse auch als die Erhörung vieler Gebete zu lesen wären, deutet auf die Schwierigkeiten in Theologie und Kirche, vom Handeln Gottes zu sprechen. Das Ansinnen wiederum, die staatliche Einheit mit Gottesdiensten zu feiern, hätte der Verwechslung von menschlicher Planung mit dem Handeln Gottes zumindest Vorschub geleistet.

Dorothee Sölles Plädoyer für die Phantasie des Glaubens leidet daran, daß sie in der Reflexion auf die Phantasie und ihre Bedingungen weit weniger konkret wird als in ihrer Kritik des unfreien Gehorsams. Darum aber bleibt Phantasie selbst unfrei, weil sie gebunden ist an die Negation, von der sie ihr ganzes Recht bezieht. Das Lob der Phantasie ist die Rückseite der Kritik des Gehorsams – darin freilich unverzichtbar –, aber auch nicht mehr. Fällt aber das kritisierte Gegenüber aus, wird solche negative Phantasie haltlos – gegen Sölles Absicht. Kann nicht das Motto, das Sölle von Bultmann zitiert, aus dieser Ambivalenz heraushelfen? Hier ist nämlich die neue Existenz des Christen, die als neuer Gehorsam erscheint, nicht einfach als freie Tat gesetzt, sondern bezieht ihren Sinn aus der Geschichte Gottes: „Die πίστις als der radikale Verzicht auf die Leistung, als die gehorsame Unterwerfung unter den von Gott bestimmten Heilsweg, als die Übernahme des Kreuzes Christi, ist die freie Tat des Gehorsams, in der das neue Ich an Stelle des alten sich konstituiert. Als solche Entscheidung ist sie *Tat* im

---

16 Vgl. dazu G. Sauter, Theologische Kriterien für kirchliches Handeln nach dem Ende des Ost-West-Konflikts; in: EvTh 55 (1995), S. 260–277. Die Überlegungen Sauters markieren eine dringliche Aufgabe theologischer Reflexion; freilich scheint es mir problematisch, wenn aus Sauters Kritik an der Identifikation von Buße und (politischer) Kehrtwende nun der Eindruck entstehen sollte, als seien die theologischen Einsichten, die aus der Buße folgen, ohne Konsequenzen für politische und theologische Praxis denkbar.

eigentlichen Sinne, in der der Mensch als er selbst ist, während er beim ἔργον neben dem steht, was er tut."[17] Die Dialektik von Glauben und Gehorsam, die Bultmann bei Paulus erkennt, führt über die Alternative von Phantasie und Gehorsam hinaus, indem sie den Gehorsam selbst verwandelt; sie verfällt darum auch nicht der von Sölle benannten Gefahr, weil jeder Gehorsam, der nicht Gehorsam gegenüber dem befreienden Gott ist, letztlich nur Ungehorsam und Sünde sein kann. Dann aber wird zugleich die Ambivalenz der negativen Phantasie überwunden, weil sie jetzt erst ganz zu sich kommt: Die Befreiung, die als ersehnte nur das Movens der Phantasie war, wird nun auch zu ihrem Inhalt.

6. Dogmatik, Phantasie und Wirklichkeit

Der Rückgang von Sölle zu Bultmann steht freilich im Verdacht, auch ein Rückschritt zu sein, insofern hier die Geltung innertheologischer Kriterien den Vorrang zu haben scheint vor der Aufgabe der Vermittlung der Tradition des christlichen Glaubens mit der Wirklichkeit der gegenwärtigen Lebenswelt. Eben dieser Öffnung hin zur Lebenswelt soll der Rekurs auf Phantasie dienen, so ausdrücklich bei Hans-Günter Heimbrock:

> „Im Zuge eines fortschreitenden Zerfalls kultureller Über-Ich-Bestände gerät auch überkommene theologische Tradition ins Wanken, tritt an die Stelle eines objektiv gültigen Dogmas zunehmend der individuelle und subjektive Zugang zum Glauben, wächst die Religiosität im Zeichen von Kreativität und *Phantasie*."[18]

---

17 R. Bultmann: Theologie des Neuen Testaments, S. 316f.
18 H.-G. Heimbrock, Phantasie und christlicher Glaube. Zum Dialog zwischen Theologie und Psychoanalyse, München/Mainz 1977, S. 13. – Heimbrocks Arbeit sieht sich insgesamt vor dem Dilemma, daß die klassische Psychoanalyse der von Heimbrocks Ansatz her so positiv bewerteten Phantasie eher mißtrauisch gegenübersteht. Freuds Realitätsprinzip ist alles andere als der Phantasie gewogen, die er vor allem als regressive narzißtische Wunschbefriedigung im Imaginären auffaßt. Aber auch die Revision des Freudschen Verdikts, die Heimbrock in

Nun besteht kein Zweifel, daß die von Heimbrock benannte Bewegung sich nicht umkehren läßt: Eine Inthronisation des ‚objektiv gültigen Dogmas‘ ist weder möglich noch wünschenswert. Dies gilt aber weit weniger darum, weil die Theologie sich an die unvermeidliche Modernität anpassen müßte – diese wäre eigens zu reflektieren – als vielmehr darum, weil das ‚objektiv gültige Dogma‘ auch theologisch keine attraktive Vorstellung sein kann. Dogmatik wäre gründlich mißverstanden, wenn man sie als die Einschärfung und allenfalls Auslegung des ‚objektiv gültigen Dogmas‘ verstehen wollte; gerade Bultmann hat in Übereinstimmung mit den Grundeinsichten der ‚Dialektischen Theologie‘ betont, daß in der Objektivierung das verloren wird, was Glauben ausmacht. Die Entgegensetzung von Dogma und Phantasie entspringt aber nicht nur einer Verzeichnung dessen, was die Funktion des Dogmas ausmacht; in ihr kommt auch die Phantasie zu kurz. Die wie selbstverständlich unterschobene Behauptung, daß die Religiosität gegenwärtig im Zeichen von Kreativität und Phantasie wachse, stilisiert den kulturellen Gang der Dinge zum religiösen Fortschritt. Woran aber soll sich solche Kreativität und Phantasie bemessen? Ist gesellschaftlich wirklich ein fortschreitender Reichtum an religiösen Ausdrucksformen zu betrachten oder wäre nicht eher eine zunehmende Sprachlosigkeit in religiösen Dingen zu konstatieren – Konsumismus auch hier – und im Gefolge des Sprachverlusts auch Erfahrungsverlust? Daß die religiöse Gegenwartskultur kritisch wahrzunehmen ist, impliziert keineswegs, daß sie a priori verdächtig wäre oder die Theologie gar auf deren genaue Beobachtung verzichten könnte. In der Tat mag sich hier ein überraschender Reichtum auftun, der auch theologisch fruchtbar zu machen wäre. Die Frage bleibt aber: Was ist als neuer Reichtum zu benennen und was als Verlust? In der Vernachlässigung dieser Unterschei-

---

neueren psychoanalytischen Theorien ausmacht, bleibt zwiespältig: Daß „zeitweilige und kontrollierte Etappen psychischen Zurückgehens auf frühere Stufen durchaus auch Kräfte zu erneuter und dauerhafter Progression freisetzen können" (a. a. O. S. 92), ist eher eine Entschuldigung für das Phantasieren als eine Hochschätzung der Phantasie.

dung liegt die Ursache dafür, daß die vielerorts beschworene Phantasie so wenig Befreiendes an sich hat und meist zur schlichten Affirmation des Bestehenden verkommt.

Diese Affirmation des Bestehenden finde ich bei allen bedenkenswerten Ansätzen auch bei Bernd Beuschers theologischer Inanspruchnahme der Postmoderne. Seine anerkennende Theologie der Werbung[19] etwa ist sicher darin im Recht, daß sie die unverhohlene religiöse Dimension der Werbung auch theologisch ernst nimmt; freilich scheinen ihr die Kriterien abhanden zu kommen, diese Dimensionen auch kritisch zur Geltung zu bringen. Oder reicht dazu postmodern die Kompilation von Zitaten? Daß dies nicht nur eine Stilfrage ist, sondern zu auch sachlich fragwürdigem theologischem Kitsch führt, scheint mir spätestens dann gegeben, wenn Beuscher dem Leser mitteilt, sein Aufsatz weihe zugleich sein neues Multi-Media-Notebook ein.[20] Ob „Käufer wie Verkäufer ... um das Geheimnis des Wünschens" wüßten[21], wie Beuscher meint, darüber ließe sich streiten; wenn sie es aber wissen, so wird doch darin zugleich das Wünschen verraten. Die Entbindung der in der Werbung pervertierten Wahrheit kann gerade nicht gelingen, wenn man die Entleerung der religiösen Dimension kritiklos hinnimmt.

Gerade um der produktiven und kritischen Kraft der Phantasie willen scheint es mir nötig, das zu benennen, was der Phantasie ihre Richtung und ihre Kriterien gibt. Die Reflexion dieser Kriterien und die Auseinandersetzung um die Orientierungen aber ist das, was *Dogmatik* ausmacht. Mit dieser Bestimmung ist ein Begriff von Dogmatik gebraucht, der erläutert werden muß, weil er mit der gängigen Vorstellung in Spannung steht. Dieser Vorstellung gegenüber wäre zu betonen, daß das ‚objektiv gültige Dogma‘ eben nicht Gegenstand und Medium der Dogmatik ist und sein kann. Sicher leistet der Gestus nicht weniger dogmatischer Theo-

---

19 B. Beuscher, „Was Anderes kommt nicht in Frage"? Von der theologischen Kompetenz der Werbung. Ein Dis-Play, in: B. Beuscher u. a. (Hg.), Prozesse postmoderner Wahrnehmung, Wien 1996, S. 223–236, hier S. 232.

20 A. a. O. S. 235, Anm. 1.

21 A. a. O. S. 236, Anm. 27.

logien dieser Vorstellung Vorschub und ich gestehe (un-)
gern, daß es eben das ist, was viele Studenten der Theologie
aus ihrem Studium der Dogmatik mitnehmen: Die Applika-
tion gelernter Formeln, die als unumstößlich erscheinen und
dann in der (nicht nur schulischen) Realität entweder scheitern oder in hilfloser und nutzloser Positivität behauptet
werden.[22]

Vielen scheint die Dogmatik wegen ihrer Unüberschaubarkeit,
aber auch ihrer Lebensferne eine schwer zu erlernende Angele-
genheit. Dieser Eindruck liegt paradoxerweise nicht zuletzt an
solchen Lernstrategien, Kompendien und Skripten, die eigentlich das Lernen vereinfachen sollten: Die sachliche Komplexität
wird dann unüberschaubar, wenn die dogmatischen Fragestel-
lungen und Denkwege nicht mehr nachvollzogen werden, sondern nur ,Resultate' präsentiert und rezipiert werden sollen.
Führt das schon beim Studium der Sozialwissenschaften zu frag-
würdigen Verdinglichungen, so ist im Falle der Dogmatik das
Scheitern gänzlich vorgezeichnet. Dogmatik kann nicht als Stoff
gelernt werden, sondern nur indem man Dogmatik treibt. Der
Eindruck der Lebensferne, an dem manche dogmatische Lehre
nicht unschuldig ist, folgt aus der gleichen Verkürzung: Die Fragen, die die Dogmatik bearbeitet, sind keine akademischen, sondern dieselben Fragen, die sich ein Glaubender selbst stellt. Daß
das oft genug verdeckt wird, liegt an Lehrenden und Lernenden
gleichermaßen: Die spezifische Anstrengung der Dogmatik ist
es, ihre Themen in stetem Bezug auf die Fragen der Selbstverständigung des Glaubens zu entfalten. Abstrakt – über die notwendige wissenschaftliche Verdichtung hinaus – wird Dogmatik
nur, wo das vergessen wird. Dogmatik lernen wäre also nicht die
Reproduktion scheinbar wahrer Sätze und Formulierungen[23],

---

22 Freilich scheint das kein Problem der Theologie allein zu sein: Die Rezeption der empirischen Wissenschaften etwa ist in aller Regel nicht
weniger ,dogmatisch'. Dennoch gilt es genau darüber nachzudenken,
was zu dieser Schwierigkeit führt, Theologie so zu lernen, daß sie als
das wahrgenommen wird, was sie ist: die unabschließbare diskursive
Selbstverständigung über den Glauben.
23 Ein Beispiel: In Examensklausuren zum Thema der Ekklesiologie begegnet mir häufig die Formulierung: „man unterscheidet die ,sichtbare
Kirche' und die ,unsichtbare'" – meist unter Wiedergabe der korrekt
gelernten lateinischen Termini. Wer aber ist das ,man'? Wann und war-

sondern das Einüben der Praxis, in der sich denkende und neu-
gierige Menschen bewegen, die Auskunft über den Glauben suchen und später doch auch geben wollen.

Der irreführenden Positivität dogmatischer Sätze wird aber
nun auch nicht abgeholfen, indem man etwa religionspädagogisch das, was man als Dogmatik benennt, auf sich beruhen läßt und statt dessen die vorgebliche Schülerwirklichkeit zum Datum der didaktischen Bemühung macht.[24] Wie
nämlich wird man dieser Schülerwirklichkeit inne? Die pädagogische Antwort ist nun in der Regel gerade nicht die Ermutigung der Phantasie der Lehrenden und die Schärfung
ihrer Aufmerksamkeit, sondern die Übernahme von empirischen Befunden und Theoremen, ohne sich über die methodischen Implikationen und epistemologisch unvermeidli-
chen Verkürzungen der entsprechenden Wissenschaften Rechenschaft abzulegen. Wenn Godwin Lämmermann fordert,
eine Theologie, die „mehr sein will als die Hüterin einer für
sakrosankt erklärten Tradition", müsse „sich der gegenwärtigen Wirklichkeit aussetzen. Die Hermeneutik von Texten
muß ergänzt werden durch die Hermeneutik gegenwärtiger
Wirklichkeit."[25], so ist dem in dieser Allgemeinheit kaum zu
widersprechen. Wenn aber die Forderung nach Aufmerksamkeit für die gegenwärtige Wirklichkeit ausschließlich
eingelöst werden soll durch „die von der fachwissenschaft-
lichen Fragestellung zunächst relativ abgelöste Analyse der
sozialen Lebenswelt von Kindern, ihren entwicklungspsy-

---

um hat man so unterschieden? Ist das eine sinnvolle und legitime Unterscheidung, die heute noch hilfreich sein kann? Die traditionelle Unterscheidung ist vollkommen entbehrlich, wo diese Fragen nicht gestellt
und bearbeitet werden.

24 Hier ist Beuscher zuzustimmen, wenn er in der gutgemeinten Korrela-
tionsdidaktik die Gefahr erkennt, „daß so die verhängnisvolle Teilung
in zwei Welten (Gemeinderaum/Weltraum, Drinnen/Draußen, Glau-
be/Leben, Kirche/Gesellschaft, Religion/Schule) erst recht verankert
wird. ... Es wird die Frage sein, ob die Etablierung von Korrelations-
didaktik die festschreibende Aufteilung in kerygmatische und apologetische Bereiche absegnet oder aufzulösen vermag." (A. a. O. S. 223).
25 G. Lämmermann, Religionspädagogik im 20. Jahrhundert.; Gütersloh
1994, S. 202.

chologischen Voraussetzungen, ihren normalen Lernge-
schichten u. ä. m."[26], dann wird zum einen die Lebenswirklichkeit der Schüler reduziert auf das an ihr wissenschaftlich
Festgestellte[27]; zum anderen kann das, was theologisch in
dieser Wirklichkeit aufzufinden wäre, gar nicht mehr in den
Blick kommen. Konsequent erscheint „das Theologische"
dann nur noch als „Stoff", nicht mehr als im Leben der
Schüler selbst – wenn auch vielleicht verborgen – präsent.
Methodisch werden so Glauben und Lebenswirklichkeit ge-
geneinander abgedichtet; der selbsterzeugte Graben soll
dann wiederum didaktisch geschlossen werden: eine Aufgabe, bei der das Scheitern schon vorgezeichnet ist.

Ironischerweise wird dadurch die Dogmatik erst zu dem
starren Gebilde gemacht, das man fürchtet, anstatt sie in der
Wahrnehmung der Wirklichkeit in Bewegung zu bringen
und zu halten. Der Zusammenhang von Wirklichkeit und
Dogmatik ist aber kein Problem der Vermittlung, sondern
der Konstitution theologischer Aussagen. Theologische Aussagen können nicht ‚an sich' richtig sein, wenn sie sich nicht
in der Erfahrung des Lebens bewähren. Das heißt aber nicht,
daß die Sätze der Dogmatik so zu ermäßigen wären, daß sie
einer vorgegebenen Wirklichkeit kompatibel wären: Solche
vorgängige Wirklichkeit ist Fiktion. ‚Wirklichkeit' ist selbst
keine unabhängige und fixierbare Gegebenheit, sondern bildet sich allemal erst kommunikativ, also in sozialen Zusammenhängen.[28] Was Menschen als ‚wirklich' erfahren, ist keineswegs selbstverständlich; die Konstitution unserer jeweili-

---

26 A. a. O. S. 203.
27 Vgl. das Diktum Adornos: „Die Diffamierung der Phantasie; die Un-
    kraft sich vorzustellen, was noch nicht ist, wird Sand selbst im Getriebe
    der Apparatur, sobald sie mit Phänomenen sich konfrontiert sieht, die
    in ihren Schemata nicht vorgesehen sind." (Th. W. Adorno, Einleitung,
    in: Th. W. Adorno u. a., Der Positivismusstreit in der deutschen Sozio-
    logie, Darmstadt/Neuwied 1976 (5. Auflage), S. 7–79, hier S. 62).
28 Das zeigen amüsant und instruktiv P. L. Berger / Th. Luckmann: Die
    gesellschaftliche Konstruktion der Wirklichkeit. Eine Theorie der Wis-
    senssoziologie; übers. v. Monika Plessner (The Social Construction of
    Reality), mit einer Einleitung zur deutschen Ausgabe von Hellmuth
    Plessner, Frankfurt/M. 1980.

gen Wirklichkeit ist allemal sprachlich vermittelt. Die Artikulation und Reflexion dieser sprachlichen Grundlagen der Erfahrung von Wirklichkeit aber läßt sich sinnvollerweise ‚Dogmatik‘ nennen: Christliche Dogmatik ist seit Anbeginn die kritische Reflexion der Begriffe, in denen die Welt im Lichte des Evangeliums erfahren wird. Die Frage nach dem Wirklichkeitsbezug der Theologie ist mithin keine sekundäre, die sich nach Entfaltung des dogmatischen Corpus stellen ließe, sondern für den Sinn theologischer Sätze konstitutiv. Die relevante Auseinandersetzung findet also nicht zwischen der ‚Dogmatik‘ und der ‚Wirklichkeit‘ statt, sondern in der Frage: Was ist die Wirklichkeit? Setzen wir eine ‚Wirklichkeit‘ voraus, in der Gott nicht vorkommt und vorkommen kann, weil er methodisch ausgeschlossen wurde, dann bleibt der Theologie allenfalls die sekundäre Beziehung eines Glaubens, der für die Wirklichkeit eines Menschen nicht konstitutiv ist, auf die gottlos gedachte Welt. Die Alternative dazu ist aber nicht die Selbstverhärtung der Theologie gegen die Erfahrung, sondern die immer neue Öffnung der eingeschliffenen Wahrnehmungsweisen und Erfahrungsstrukturen für die Wirklichkeit, die im Licht des Evangeliums erfahrbar wird.

7. Dogmatik und die Freiheit des Geistes Gottes

Die abstrakte Entgegensetzung von Dogma und Phantasie erweist sich von hier aus als irreführend. Zum eigenen Sinn der theologischen Aussagen gehören die Bereicherungen durch die Erfahrungen, die jeden Tag neu sind; Dogmatik braucht die Anstrengung der Phantasie, damit der Erfahrungsgehalt, der in den traditionellen Formulierungen enthalten ist, nicht leblos und damit verloren wird. Umgekehrt sind es auch die traditionellen Sätze, die eine neue und veränderte Sicht der Welt ermöglichen, aus der Wege für das Leben hervorgehen können, die zuvor verschlossen waren. Dietrich Ritschl erkennt auf diese Weise in der Trinitätslehre, die als eines der sperrigsten und am wenigsten wirklichkeitsnahen Stücken christlicher Theologie gilt, eine unverzichtbare Hilfe für das Leben der Christen. Als Dogma ist sie keine Erfindung der Theologen, sondern kommt aus dem Leben des Glaubens und muß dort wieder einmünden, um als Dogma sinnvoll zu sein.

> Die Trinitätslehre „ist in den biblischen Texten und den frühen Liturgien implizit enthalten und erfuhr in ihrer sprachlichen Ausformung nicht nur eine volle, reife Gestalt zur Freude der theologischen Fachleute, sondern sie bietet eine unersetzbare Hilfe für die Gläubigen insgesamt, Neues und Sinnvolles über Gott zu erfahren, zu denken und große Zusammenhänge völlig neu zu verstehen. Es steht ganz außer Zweifel, daß die klassische Trinitätslehre und die ihr wiederum implizite und auf sie zeitlich folgende Christologie – Harnack hin oder her – die Funktion einer Hilfe für die Gläubigen, und nicht nur für ihr Denken, sondern für ihre Doxologie, haben sollte. Die Wahrheit war in die Sprache hinein befreit. (Nicht anders steht es mit anderen Lehren, etwa der reformatorischen Rechtfertigungslehre oder auch mit Maximen wie sola scriptura u. a.)."[29]

Ritschl benennt aber auch die Gefahr, in der die sprachliche Explikation ins Dogma gerät, wenn dieses seine Beweglichkeit verliert und zur bloßen Formel erstarrt: „die Wahrheit kann zur Gefangenen der Sprache werden; bei steilen Formulierungen, die vom Erzählten besonders weit entfernt sind oder es kühn summieren, muß die Sprache sogar zum Gefängnis werden. Die Wiederholung der Wahrheit im Formelhaften wird zur Lüge."[30]

Dieser Gefahr kann aber nicht begegnet werden, wenn das Dogma in seiner Fixierung entweder wiederholt oder aber beiseite geschoben wird. Zum Dogma gehört darum notwendig die theologische Phantasie, die in der jeweiligen Gegenwart am Dogma und aus ihm die überraschenden und innovativen Perspektiven entdeckt, die die Welt als die Wirklichkeit erfahren, die von Gott umschlossen ist und in ihm

---

29 D. Ritschl, Gibt es in der Theologie „Neues"? Meditation über ein altes Thema; in: C. Krieg u. a. (Hg.), Die Theologie auf dem Weg in das dritte Jahrtausend, Gütersloh 1996, S. 35–45, S. 39
30 Ebd.

ihr Leben hat. Die normative Funktion der Dogmatik wird da mißverstanden, wo sie als Beschränkung des Denkens und Erfahrens gebraucht wird; ihr Sinn ist vielmehr die immer neue Ausrichtung der Phantasie des Glaubens auf das, was diesen Glauben trägt, und zugleich die Entbindung der Phantasie zu ihrer produktiven Freiheit. Theologische Phantasie ist keine frei schwebende, weil diese Unbestimmtheit nur scheinbar frei ist und oft genug in die Reproduktion des gesellschaftlich Vorgegebenen führt. Theologische Phantasie ist disziplinierte Phantasie. Daß das keine Minderung der Phantasie bedeutet, sondern sie allererst in Bewegung bringt, wäre auch an der ästhetischen Phantasie zu lernen, deren Freiheit aus der künstlerischen Disziplin erwächst.

Ein Lehrstück für diese Dialektik der Phantasie ist die Musik des 20. Jahrhunderts. Adorno benennt das präzise: „Wer, pochend auf Redlichkeit, sich weigert, anders zu komponieren, als ihm seine spontane Reaktionsweise gestattet, oder wer gegen den Zwang der Konstruktionsprinzipien aufbegehrt, gelangte dadurch bislang nicht ins Offene, sondern wiederholte, ohne es zu ahnen, die Attitüde solcher, die, zur Zeit der freien Atonalität, stolz taten, keine Snobs zu sein, aber keineswegs unverwechselbar Eigenes produzierten, sondern Makulatur. Durchstreicht jedoch einer unbekümmert seine Reaktionsform und wähnt, mit hochgekrempelten Ärmeln, am Werkstoff zu arbeiten, so lieferte er sich der Banausie verdinglichten Bewußtseins aus."[31] Das Versprechen künstlerischer Freiheit – das Bild von individueller Freiheit[32] – wird nicht eingelöst, wenn in der Arbeit am ästhetischen Material die Regeln und Konstruktionsprinzipien übermächtig werden[33]; künstlerische Freiheit ist aber auch dort verfehlt, wo scheinbar ungezwungen produziert und im Namen der

---

31 Vgl. Th. W. Adorno, Vers une musique informelle, in: ders., Musikalische Schriften I–III, (Gesammelte Schriften 16), Frankfurt/M. 1978, S. 493–540, hier S. 500.

32 „Wer Musiker wird, ist dem Mathematiklehrer entlaufen; es wäre schrecklich, wenn er am Ende doch noch von ihm erwischt würde." (A. a. O. S. 493)

33 Daß diese Dialektik schon für den schlichten alltäglichen Gebrauch der Sprache fundamental ist, hat Hans Julius Schneider gezeigt; H.-J. Schneider: Phantasie und Kalkül. Über die Polarität von Handlung und Struktur in der Sprache, Frankfurt/M. 1992.

Spontaneität die ästhetische Kritik abgeblendet wird: Das Resultat solcher Bastelei ist nicht Neues und Authentisches, sondern die Reproduktion ästhetischer Stereotypen. Ästhetische Kritik ist gleichwohl nicht zu verwechseln mit kunsttheoretischer Reflexion oder der Entwicklung kompositorischer Systeme. Für das Verständnis der Phantasie ist instruktiver noch als die komponierte Musik die Improvisation: Ihre Gefahr ist Wiederholung vorgefertigter Floskeln unter dem Schein des Authentischen, ihr Versprechen der Durchbruch zu solcher Authentizität, die der Reflexion nicht eignen kann. Damit Improvisationen sich dem annähern, bedürfen sie der spezifischen Disziplin, die nicht in der Beschränkung der improvisatorischen Freiheit bestehen kann, sondern in deren Schulung.[34] Wie sich die Qualität des Improvisators in seiner Spielerfahrung erst bildet, so setzt Phantasie Übung und Bildung voraus; sie ist weniger eine Begabung, die einige haben und andere nicht, als eine Tugend, die sich schulen läßt.

Die hier sichtbare Dialektik ist auch für die dogmatische Phantasie konstitutiv: Auch sie bedarf der Einübung im Umgang mit dem theologischen Denken der Tradition; sie entgeht der Erstarrung aber auch nur da, wo sie diese Tradition nicht zum Traditionalismus verkommen läßt. Dogmatik ist demnach weder die Artikulation der eigenen gläubigen Befindlichkeit noch die leere Formalität übernommener Aussagen. Die Bezogenheit auf die theologische Tradition bleibt ihr darin normativ, daß die Sache, die sie zum Ausdruck bringen will, ihre Identität in der Kontinuität zum theologischen Denken in der Geschichte hat. Kontinuität heißt dabei aber zugleich, daß die Identität des Glaubens nur da angemessen zur Sprache kommen kann, wo sie so erfahren und artikuliert wird, daß sie die Gegenwart ergreift. Die Polarität des Alten und Neuen ist für die Dogmatik konstitutiv, weil ihr Grund immer derselbe bleibt, aber als ihr Grund nur da wahrgenommen wird, wo er je neu gegenwärtig wird. Die Mahnung des Hebräerbriefs: „Jesus Christus gestern und

---

34 Vgl. dazu W. Schoberth, Das Jenseits der Kunst. Beiträge zu einer wissenssoziologischen Rekonstruktion der ästhetischen Theorie Theodor W. Adornos, Frankfurt/M. u. a. 1988, S. 188–191.

heute und derselbe auch in Ewigkeit" (Hebr 13,8) besagt gerade nicht, daß nichts Neues über diesen Christus zu erfahren wäre. Christus wäre dann nicht mehr *derselbe*, sondern *dasselbe*: eine ewige Wahrheit, die in ihrer Ewigkeit fern und allgemein bleibt. Von der Gegenwart Christi ist nur da zu sprechen, wo mein Leben in seiner irreduziblen Gegenwärtigkeit und Partikularität mit der Wirklichkeit Christi sich verbindet.[35]

Es hängt nun alles davon ab, daß in dieser Begegnung nicht irgendeine andere Wirklichkeit, sondern derselbe Christus gegenwärtig ist: Auch die theologisch geschulte Phantasie ist nicht einfach gesichert davor, andere Stimmen mit der des Evangeliums zu verwechseln. Darum gehört zur dogmatischen Phantasie allemal das kritische Bewußtsein. Rudolf Bohren betont darum zu Recht, daß erst das Bewußtsein für die Gefährdung der Phantasie den Glauben frei macht

> „für das Spiel der Phantasie. Der Heilige Geist und also der präsente Christus in uns schafft und wirkt einerseits ein Neues in und durch die Phantasie der schöpferischen Menschen – auch außerhalb der Kirche. Er schafft andrerseits auch die natürliche Gabe der Phantasie neu und heiligt sie. Aber er selbst ist wohl von ihr zu unterscheiden. Weil die Phantasie nicht mit dem Heiligen Geist zu verwechseln ist, also imperfekt bleibt, völlig rein und völlig unrein zugleich, bedarf sie der Prüfung durch den Intellekt."[36]

Die Bereitschaft zu dieser Prüfung ermöglicht es, beiden Gefährdungen der Phantasie zu widerstehen: der Ängstlichkeit und der Verwechslung des Stereotypen mit dem Authentischen und Neuen. Im Zeitalter der virtuellen Realitäten, die

---

35 Das gilt insbesondere auch für die Liturgie, deren Wesen nicht in der Wiederholung von tradierten Formen besteht, sondern darin, daß in und mit den alten Worten neues Licht auf meine Gegenwart fällt. Wenn über die veraltete Sprache der Liturgie geklagt wird, so ist dem nicht einfach durch modernere Formulierungen abzuhelfen, weil gar nicht die Formulierung selbst das Problem ist, sondern die Enttäuschung, daß in den Worten nichts sich ereignet.

36 R. Bohren: Predigtlehre, München 1980 (4., veränderte und erweiterte Auflage), S. 273.

weniger Ausdruck von Phantasie sind als kalkulierte Schemata des längst Bekannten, und der konsumförmigen Zeichen scheinbarer Individualität ist die Fähigkeit zu solcher disziplinierten Phantasie Bedingung von Freiheit; sie gewinnt zugleich die Souveränität, die tradierten theologischen Sätze neu in Bewegung zu bringen, weil sie nicht von der ängstlichen Bewahrung der Vergangenheit, sondern von der lebendigen Gegenwart Gottes in seinem Geist Wege ins Offene erwartet. Nach der Formulierung Barths ist solche Theologie

> „eine eigentümlich *schöne* Wissenschaft, man darf ruhig sagen: unter allen Wissenschaften auch die schönste ... Es bedeutet immer Barbarei, wenn jemandem die Wissenschaft unlustig ist oder wird. Welche Überbarbarei wäre aber dazu nötig, daß einem die Theologie unlustig werden oder sein könnte? Man kann nur gerne, mit Freuden Theologe sein oder man ist es im Grund gar nicht. Grämliche Gesichter, verdrießliche Gedanken und langweilige Redensarten können gerade in dieser Wissenschaft unmöglich geduldet werden."[37]

Zur schönen Wissenschaft wird Dogmatik im Spiel der Begriffe. Sie wird zur fröhlichen Wissenschaft, weil sie die Sorge um ihre Zeitgemäßheit ebenso hinter sich lassen kann wie die Sorge um die eigene Identität. Eine Anpassung an das gesellschaftlich Übliche ist ebensowenig nötig wie die Anpassung ans Überkommene. Theologie wird frei, ihre Begriffe neu zu kombinieren, Entdeckungen an ihnen zu machen und ihre Kraft zur Erschließung der Wirklichkeit des Lebens zu erproben. In der Konfrontation von Begriff und Wirklichkeit muß nicht immer der Begriff verlieren, weil Wirklichkeit sich ändern kann: Ein guter dogmatischer Begriff und ein gutes Verständnis eines alten erweist sich daran, daß in seinem Licht die Dinge sich ändern, überraschende Facetten zeigen und neue Dimensionen freigeben.[38] Es sind oft gerade

---

37 K. Barth, KD II/1, S. 720.
38 Eberhard Jüngel betont mit Recht. „Die Wahrheit dessen, was der Glaube zu sagen hat, erweist sich also nicht zuletzt daran, daß die Sprache des Glaubens nicht einfach mit der Wirklichkeit übereinstimmt. Weil

die fremden und scheinbar abstrakten Begriffe, die diese Fähigkeit bewahren, weil sie sich der Forderung nach Nützlichkeit und Plausibilität nicht unterordnen lassen. Zur Erfahrung in der dogmatischen Phantasie gehört auch die Tugend der Geduld: Das Neue und das befreiende Unwahrscheinliche stellen sich nicht immer ein und fast nie auf den ersten Blick. Dogmatik ist die Bemühung, die Wirklichkeit des Lebens so auszusagen, daß sie transparent wird für die Gegenwart Gottes. Das versteht sich nicht von selbst und bleibt strittig. Darum wäre zu lernen, diese Spuren zu entdecken; aber die phantasievolle Anstrengung des dogmatischen Spiels der Begriffe lohnt sich, weil sie neue und befreiende Wege des Lebens eröffnet.

---

der christliche Glaube von Gott zu reden hat, wenn er die Wahrheit sagen will, deshalb muß er mehr sagen, als die Wirklichkeit der Welt zu sagen vermag. Damit gerät der Glaube allerdings unausweichlich in einen Streit um die Wahrheit." (E. Jüngel, Metaphorische Wahrheit. Erwägungen zur theologischen Relevanz der Metapher als Beitrag zur Hermeneutik einer narrativen Theologie, in: P. Ricoeur / E. Jüngel, Metapher. Zur Hermeneutik religiöser Sprache, mit einer Einführung von P. Gisel, München 1974, S. 71–122, hier S. 71.

„... manchmal träume ich, daß Gott eine Tochter hat, die sich um die Gedanken, Wünsche und Träume der Kinder kümmert ..."

Zur religiösen Phantasie von Kindern

Helmut Hanisch

Das religiöse Potential von Kindern ist geradezu unerschöpflich. Das wird deutlich, wenn man mit Kindern spricht und ihnen Gelegenheit gibt, ihre religiösen Vorstellungen zu entfalten und über sie nachzudenken.[1] In besonderer Weise tritt bei solchen Gesprächen ihre Phantasie in den Vordergrund. Dabei verstehen wir unter Phantasie die Fähigkeit des Menschen, über die engen Grenzen dessen hinauszugehen, „was sinnlich hier und jetzt, in der Gegenwart und der in ihr gegebenen Umwelt erschlossen ist"[2]. Das Überschreiten der vorgegebenen Grenzen ist durch die freie Verbindung von Vorstellungen möglich, ohne daß für sie ein realer Bezug gegeben sein muß. Im religiösen Bereich benutzen Kinder ihre Phantasie, um sich Glaubensaussagen auszumalen oder sich ihre Glaubenswelt zu erschließen und zurechtzulegen. Die Vielfalt des freien Spiels der Vorstellungen in religiösen Zusammenhängen läßt es lohnend erscheinen, verschiedenartige Akzentuierungen und Differenzierungen näher ins Auge zu fassen.

---

1 Vgl. dazu U. Arnold/H. Hanisch/G. Orth, Was Kinder glauben. 24 Gespräche über Gott und die Welt, Stuttgart 1997 und G. Orth/H. Hanisch, Glauben entdecken – Religion lernen, Stuttgart 1998.
2 Ph. Lersch, Aufbau der Person, München 1964 (9. Auflage), S. 421.

Nebenbei sei bemerkt: Wenn wir im folgenden auf die Phantasie der Kinder zurückgreifen, dann befinden wir uns in guter Übereinstimmung mit ihnen selbst. Denn sie ist für Kinder, wie einige von ihnen hervorheben, das entscheidende Merkmal, mit dem sie den Unterschied zwischen sich selbst und den Erwachsenen bestimmen. Exemplarisch sei dies mit zwei Zitaten von Kindern aus Aachen belegt. Der zehnjährige Norbert läßt uns wissen:

„ Kinder haben mehr Phantasie und die Erwachsenen, die wissen alles genau, müssen alles genau sagen und so . . . die haben keine richtige Phantasie mehr."[3]

Ähnlich äußert sich Klaus, der elf Jahre alt ist, wenn er darauf hinweist:

„ Ich find' wirklich diese Phantasie von Kindern einfach und daß man auch ganz komische Ideen auch oft hat, einfach schön . . . Die Erwachsenen würden wahrscheinlich Ralleys machen, und wir gehen vielleicht auf Schatzsuche oder so was oder machen Höhlen . . . oder tun so, als ob wir auf Jagd gehen . . ."[4]

1. Der Phantasiegebrauch der Kinder

Wie nun gebrauchen Kinder ihre Phantasie im Zusammenhang mit religiösen Inhalten?

1.1. Märchenhafte Phantasien

Zunächst begegnen uns märchenhafte Phantasien. Sie sind vor allem bei Kindern zu beobachten, die mit Fragen des christlichen Glaubens konfrontiert werden, ohne daß sie selbst religiös erzogen worden sind. Die kindliche Phantasie

---

3 Aus einem unveröffentlichten Interview (16) – Die Zahlen in Klammern verweisen auf die jeweilige Textpassage der zitierten unveröffentlichten Interviews.
4 U. Arnold/H. Hanisch/G. Orth, Was Kinder glauben (WKg), S. 36.

übernimmt hier offenbar die Funktion, auf kreative Weise Wissenslücken zu schließen. Anschaulich wird dies bei einem zehnjährigen Mädchen aus Leipzig, das in einem nicht-religiösen Elternhaus aufwächst. Es geht davon aus, daß sich Gott in den Wolken eine unsichtbare Hütte aus kleinen Wolkensteinen gebaut hat. Auf die Frage, was Gott da oben mache, erklärt es:

„ *Wenn eine Wolke vorbeizieht, könnte ich mir vorstellen, daß er da auf die Erde guckt und sich denkt: ‚Nanu, was ist denn da los? Wenn da eine Prügelei ist ... Da muß ich doch gleich einmal etwas machen, daß es nicht böse endet.‘ Dann wird er vielleicht einen Engel beauftragen, ganz schnell runterflitzen und einen anderen Menschen auf den Lärm, der ja auf der Straße dann auch ist, aufmerksam machen, daß der dann rausguckt und das sieht und dann hingeht und die dann auseinanderbringt.* "[5]

In diesen wenigen Sätzen kommt zum Ausdruck, wie sich das Mädchen zurechtlegt, wo Gott wohnt und wie man sich seine Wohnung vorzustellen habe. Sie läßt sich von anthropomorphen (= menschlichen oder menschenähnlichen) Vorstellungen leiten. Im Hinblick auf Gott geht es ihr offenbar darum zu verdeutlichen, daß Gott unsichtbar ist und daß er das Geschehen auf der Erde wahrnimmt und dann eingreift, wenn sich Konflikte zwischen den Menschen ergeben. Wie Gott auf das Geschehen auf der Erde Einfluß nimmt, obwohl er im Himmel residiert, löst sie damit, daß ihm Engel zur Seite stehen, die seine Aufträge ausführen.

1.2. Aneignende Phantasie

Eine wichtige Rolle kommt der kindlichen Phantasie bei der Begegnung mit religiösen Inhalten zu. Kinder gebrauchen ihre Phantasie, um sich bestimmte Inhalte der christlichen Tradition vorzustellen und plausibel zu machen. Im Zusam-

---

5 Aus einem unveröffentlichten Interview (13).

menhang damit wollen wir von der aneignenden Phantasie sprechen. Dazu einige Beispiele.

Jakob, ein neunjähriger Junge aus einem muslimisch-christlichen Elternhaus, deutet die Auferstehung Jesu folgendermaßen:

IMA = „ Er kam dann in ein Steingrab, und dann eines Tages, daran hab' ich mich, wo ich dieses Bild von Gott gemalt hab', daran hab' ich mich erinnert, daß Jesus ja den Stein durch Licht oder durch was das war, durch Sonnenstrahlen oder so, kam aus diesem Grab raus und der Stein wurde weggeschoben. Also ich mein', dies Licht ist vielleicht Liebe also höhere Kraft als Stein, Stein lebt nicht, also Stein kann nicht lieben, aber Liebe also, Licht, die Wärme, die kann alles durchbrechen."[6]

Auffallend ist bei Jakob zunächst, daß er die Auferstehung Jesu nicht als etwas Irreales zurückweist, sondern daß er sich bemüht, sie zu verstehen. Zugang zu einer Deutung, die für ihn plausibel erscheint, gewinnt er über die Lichtsymbolik. In ihr kommen für ihn Licht und Wärme zum Ausdruck, die er gedanklich mit Liebe verbindet. Liebe und Wärme sind stärker als Stein, der den Tod zunächst als etwas Letztgültiges markiert. Unschwer lassen sich diese Vorstellungen Jakobs mit der theologischen Aussage verbinden, daß in der Auferstehung Jesu „der Liebeswille des Schöpfers und Erlösers"[7] zum Ausdruck kommt. Die Liebe Gottes ist es, die den Tod überwindet. Jakob gebraucht seine Phantasie konstruktiv und gelangt dadurch zu theologisch reflektierten Vorstellungen, die ihm helfen, auf seine Weise den Auferstehungsglauben zu verstehen.

Die aneignende Phantasie drückt sich bei anderen Kindern in Vergleichen bzw. Analogien aus, die sie eigenständig entwickeln. Dadurch wollen sie vor allem gedanklich ergrün-

---

6 WKg, S. 66.
7 R. Feldmeier, Nicht Übermacht noch Impotenz. Zum biblischen Ursprung des Allmachtsbekenntnisses, in:
W. H. Ritter/R. Feldmeier/W. Schoberth/G. Altner, Der Allmächtige. Annäherungen an ein umstrittenes Gottesprädikat, Göttingen 1997 (2. Auflage), S. 13–42, hier: S. 42.

den, wie Gott und seine Beziehung zum Menschen näher zu beschreiben und zu verstehen sind. Der Gebrauch von Analogien ist theologisch insofern bedeutsam, als von Gott nie per se geredet werden kann, sondern nur analogisch, „symbolisch verweisend . . ., aber nicht im Sinne von ‚Abbildern‘ oder ‚Abziehbildern‘"[8]. Die zehnjährige Doris aus Aachen hat sich zum Beispiel Gott „nie richtig" vorgestellt. Für sie war er einfach nur da, „wie die Schule da ist, leider". Während sie die Existenz der Schule mit „leider" kommentiert, erhält Gott von ihr das Prädikat „o. k.". Warum für sie Gott o. k. ist, begründet sie mit folgenden Worten:

„. . . da weiß man, daß jemand da ist, der einem bestimmt zuhört, das ist genauso wie ein Kuscheltier, bei Kuscheltieren findet man Geborgenheit, denen kann man alles erzählen, die haben immer Zeit für einen, die hören einem immer zu."[9]

Die Erfahrungen mit Kuscheltieren überträgt Doris auf Gott. Dies geht aus ihrer anschließenden Bemerkung hervor, daß es Kuscheltiere „eigentlich ohne Gott auch nicht gäbe"[10].

Durch den herangezogenen Vergleich gelingt es ihr, ihre persönliche Beziehung zu Gott mit konkreten Vorstellungen zu füllen und begrifflich zu fassen. Dabei kommt es in entscheidender Weise darauf an, daß sie Gott nicht mit Kuscheltieren gleichsetzt, sondern Erfahrungen, die sie mit Kuscheltieren macht, auf Gott überträgt und so zu einer Annäherung dessen gelangt, wie sie sich Gott und seine Beziehung zum Menschen vorstellen und erklären kann.

Ähnlich äußert sich Katrin aus Leipzig, die am Evangelischen Schulzentrum ein viertes Schuljahr besucht. Sie hat, als sie gebeten wurde, ein Bild von Gott zu malen, eine Taube dargestellt.[11] Dazu stellt sie folgende Überlegungen an:

8 Vgl. W. H. Ritter, „Gott der Allmächtige" im religionspädagogischen Kontext. Zur Problematik einer Glaubensaussage, in: R. Feldmeier u. a., a. a. O., S. 97–151, hier S. 132.
9 Aus einem unveröffentlichten Interview (20).
10 Aus einem unveröffentlichten Interview (20).
11 Vgl. WKg, S. 177.

„ Naja, Gott kann ... ist eigentlich mehr oder weniger alles. Aber in der Taube, da ist mehr oder weniger alles im Verhalten drin. Weil, die Taube ist leise, kann fliegen. Eigentlich ist die Friedensbringer, also das ist ja auch bei der Arche Noah so."[12]

Einen wichtigen Gedanken will Katrin durch den Vergleich Gottes mit der Taube verdeutlichen. Ihr geht es darum, daß Gott den Menschen Frieden bringt. Dies ist ein Vorgang, der für sie offenbar geräuschlos, ohne großes Aufheben geschieht. Zugleich legt ihr Hinweis darauf, daß die Taube fliegen kann, die Assoziation nahe, daß sich Gott überall hinwenden und Frieden schaffen kann. Erstaunlich ist auch, daß sie einen Zusammenhang zwischen ihrer Darstellung der Taube als Friedensüberbringer und der Taube in der Geschichte der Arche Noah herstellt. Sie verknüpft damit ihre eigene Vorstellung mit einer biblischen Geschichte, bei der die Taube zum Boten der Rettung wird.[13]

Diesem Aspekt fügt sie weitere Gedanken hinzu, indem sie über den Vergleich selbst nachdenkt. Sie fährt fort:

„ Also, eigentlich gibt es Tauben ja ganz, ganz viel in unserer Stadt zum Beispiel. Aber Gott gibt's nur einmal, und die Taube, die kann viel machen. Also, zum Beispiel, sie hat sich vielen Sachen angepaßt, was andere Vögel gar nicht tun. Zum Beispiel in der Stadt sitzt sie da, was jetzt ein Fasan gar nicht macht. Sie kann sich an jede Sache anpassen, weil Gott jeden lieb hat. Egal, wie er ist."[14]

Katrin gelangt durch die Analyse ihres Vergleiches zu weiteren grundlegenden Aussagen über Gott. Zum einen ist es für sie wichtig, darauf hinzuweisen, daß es im Gegensatz zu den Tauben nur einen Gott gibt. Zum anderen gelingt es ihr, durch die Vorstellung der Anpassung zu einer Erklärung zu

---

12 WKg, S. 178.
13 Nachdem Tauben drei Mal ausgesendet wurden, kehrt die letzte nicht mehr zur Arche zurück. Dies ist für Noah das Zeichen, daß das Wasser der großen Flut zurückgegangen ist und die Geretteten trockenen Fußes an Land gehen können.
14 WKg, S. 178f.

gelangen, wie sie die Aussage verstehen kann, daß Gott alle Menschen liebt.

Noch ein weiteres Thema beschäftigt das Mädchen aus Leipzig, das sie sich ebenfalls durch einen Vergleich aneignet. Es geht um die Frage des Weiterlebens nach dem Tod. Hier greift sie auf eine bestimmte Tigerrasse zurück, um das Handeln Gottes zu erklären. Im einzelnen führt sie aus:

„ . . . Also, zum Beispiel, es gibt eine Tigerrasse, die essen nicht lebende Tiere, sondern Tiere, die krank sind. Und die passen auf, daß es niemandem wehtut und daß er sich nicht lange quält oder so. Und Gott holt ja auch die, die krank sind, zu sich. Also hoch in den Himmel. Der läßt sie auch nicht weiterleben, damit sie sich noch weiterquälen. Und so ist das in etwa auch mit dieser Tigerrasse.“[15]

Die von Katrin selbst ausgedachte Analogie Gottes mit der Tigerrasse verhilft ihr dazu nachzuvollziehen, welchen Sinn es hat, daß Menschen sterben. Den Sinn sieht sie darin, ihnen ein langes Leiden zu ersparen. Gott ist dabei derjenige, der, vergleichbar mit jenen Tigern, die Menschen nicht quält, sondern zu sich in den Himmel holt.

Eine andere Verwendung der aneignenden Phantasie geschieht bei Kindern durch den Rückgriff auf Geschichten. Sie greifen auf bestimmte Erzählungen zurück, um zentrale theologische Aussagen zu verstehen. Ein Beispiel dafür finden wir bei der elfjährigen Judith aus Aachen. Sie versucht zu klären, welche Bedeutung Jesus für die Menschen hat. Dabei greift sie auf folgende Geschichte zurück:

„ Ja, ich habe mal eine Geschichte gelesen, da war so ein Mädchen und das hat gesagt, Jesus, also Gott hat die Welt als Spielzeug bekommen, und dann wurde Gott immer größer und größer und war dann zum Schluß so groß, daß er den Menschen nichts mehr sagen konnte, weil die ihn nicht mehr gesehen haben. Also sozusagen blind waren mit dem Herzen. Und dann hat Gott sich gedacht, einer muß gehen und den Menschen alles richtig ma-

---

15 WKg, S. 179.

chen und wieder sagen, wie es richtig ist. Die haben ja so gedacht, ihr müßt streng an Gott glauben, ihr müßt machen, wie Gott sagt, und, das war ja nicht so. Soll man schon, aber man muß das so machen, wie man es für richtig hält, an Gott zu glauben. Und dann ist der Jesus, ähm, hat der sich gedacht, es muß einer zu den Menschen gehen, der gleich groß ist wie sie, der ihnen wieder alles richtig machen sagt, und das ist dann halt Jesus sozusagen."[16]

Um Texte zu erschließen, ist es ein Anliegen der Hermeneutik, die ihnen zugrundeliegenden Fragen zu erheben.[17] Wenn wir diesen Grundsatz auf die Erzählung Judiths anwenden, dann lassen sich folgende Fragen rekonstruieren: Welchen Auftrag hatte Jesus? Wie glaubt man an Gott „richtig"? Anzunehmen ist, daß diese Fragen ihre Fragen sind, mit denen sie sich beschäftigt. Durch die Geschichte findet sie die entscheidende Antwort: Durch die Begegnung Jesu mit den Menschen wird für sie verständlich, was die Inkarnation Christi bedeutet und was es heißt, „richtig" zu glauben. Letzteres ist für sie keine abstrakte Feststellung, sondern hat unmittelbare Auswirkungen auf ihren Glauben und ihr Handeln. Dies geht aus entsprechenden Passagen des Interviews hervor, die an dieser Stelle nicht weiter verfolgt zu werden brauchen.[18] Im Hinblick auf das Stichwort „aneignende Phantasie" wird deutlich, daß Judith die Erzählung benutzt, um zu einem Verständnis der schwierigen christologischen Fragen der Inkarnation Christi und des rechten Gottesglaubens zu gelangen. Dabei benutzt sie Vorstellungen, die ihr in der Geschichte vermittelt werden, und bezieht sie unmittelbar auf die Themen bzw. Glaubensfragen, die sie beschäftigen.

16 WKg, S. 79 f.
17 Vgl. H.-G. Gadamer, Wahrheit und Methode. Grundzüge einer philosophischen Hermeneutik, Bd. 1, Tübingen 1990 (6. Auflage), S. 375 ff.
18 Z. B. WKg, S. 78 oder S. 82.

1.3. Verbindende Phantasie

Kindern gelingt es in hohem Maße, ihren Gottesglauben auf Alltagserfahrungen zu beziehen und ihren Alltag von Gott her zu deuten. Auch hier findet sich das Überschreiten von realen Grenzen, indem Vorstellungen, die unterschiedlichen Wirklichkeitsbereichen angehören, frei verknüpft und in einen neuen Zusammenhang gebracht werden. Empirisches und Metaempirisches wird gleichsam miteinander verbunden und legt sich gegenseitig aus. Für diese Art der freien Verknüpfung von Vorstellungen verwenden wir den Ausdruck der verbindenden Phantasie. Diese verbindende Phantasie gewährt einen Einblick, in welchen Situationen die Kinder in ihrem Alltag Gott erfahren bzw. in welchen Situationen er ihnen besonders nahe erscheint. Mit einigen Beispielen wollen wir dies belegen.

Auf die Frage, ob sie schon einmal die Erfahrung gemacht habe, daß Gott sie behütet, erzählt Yvonne, die die vierte Klasse des Evangelischen Schulzentrums in Leipzig besucht, folgende Begebenheit:

„ Ja, das habe ich einmal erlebt, da waren wir im Urlaub. Da haben wir ... Ähm, da war mir das sauer, und auf einmal falle ich da voll an den Ofen ran, also noch nicht Gasofen, und die Mutti hat mich da ganz schnell aufgehoben. Und da habe ich gedacht, Gott hat mich behütet, daß ich nicht an den Ofen gefallen bin."[19]

Yvonne führt die Bewahrung in dieser Situation nicht auf ihre Mutter zurück, was nahe liegen würde, nachdem sie sie aufgefangen hat, sondern sie sieht den Grund der Bewahrung in Gott. Sie verbindet ein reales Ereignis, das ihr in ihrer Erinnerung gegenwärtig ist, mit einer Glaubensaussage.

Wie Yvonne erzählt Silvia, ihre Klassenkameradin, von einem früheren Erlebnis, in dem sie die Hilfe Gottes erfahren hat:

„ Da war mal so was wie ein Schutzengel. Als ich kleiner war, habe ich auf einem Schrank eine kleine Ente gehabt, eine ganz kleine.

---

19 WKg, S. 209.

Und die wollte ich in den Mund nehmen. Ich habe sie verschluckt und die ist dann in meinem Hals stecken geblieben. Und da habe ich geschrien, ganz laut, und dann kam mein Vater und hat mich an den Beinen genommen und hat die Ente herausgezogen, weil ich schon ganz blau am Kopf war. Und da, denke ich, da hat mir Gott auch geholfen."[20]

Wie im vorigen Beispiel führt Silvia angesichts der Gefahr zu ersticken die Bewahrung nicht auf ihren Vater zurück, was nahe liegen würde, nachdem er es war, der unmittelbar geholfen hat, sondern auf Gott. Auch hier wird ein realer Vorgang, der in der Erinnerung lebendig ist, mit einer Glaubensaussage verbunden.

Johannes, der ebenfalls das vierte Schuljahr im Evangelischen Schulzentrum in Leipzig besucht, schildert, daß er nach dem Umzug der Familie Probleme in der Schule hatte. Gott habe ihm dabei geholfen, in der Schule wieder zurechtzukommen. Etwas holprig berichtet er:

„ Wir sind einmal umgezogen und das war ein ganz doller Streß. Und da hat der (sc. Gott) uns, also unserer Familie, hat er da geholfen, daß wir es gepackt haben. Und das war so viel Streß, und wir konnten dann nicht so viel, und da habe ich immer schlechte Zensuren gekriegt. Und da hat der dann uns, der liebe Gott hat – wir sind jetzt umgezogen – also, und da hat der liebe Gott ... jetzt kriege ich wieder bißchen bessere Zensuren. Da hat der liebe Gott mich hier beschützt, daß ich jetzt nicht so schlimm mehr in der Schule bin."[21]

Während die beiden Mädchen Beispiele aus der Vergangenheit erzählen, greift Johannes auf ein aktuelles Erlebnis zurück, in dem er Gottes Unterstützung erfahren hat. Gott ist für ihn derjenige, der dazu beigetragen hat, daß sich seine schulischen Leistungen verbessert haben. Er verbindet in seiner Phantasie die Verbesserung seiner schulischen Leistungen mit Gott und sieht in ihm den Grund der besseren Zensuren, die er gegenwärtig erhält.

---

20 WKg, S. 148.
21 WKg, S. 162.

Zwar ist bei den zitierten Kindern ihr Glaube, den sie durch die Erziehung vermittelt bekommen haben, die Voraussetzung, bestimmte Erfahrungen auf Gott zurückzuführen, aber es ist eine eigenständige Leistung ihrer Phantasie, gerade die von ihnen geschilderten Situationen mit Gott in Verbindung zu bringen und nicht andere. Man kann davon ausgehen, daß sich die Deutungen, die die Kinder vornehmen, ihrerseits verstärkend auf ihren Glauben auswirken. Denn in ihrem Lebenszusammenhang erscheint Gott nicht als abstraktes Wesen, sondern als erfahrbare Realität.

1.4. Apologetische Phantasie

Kinder, die beten, machen oft die Erfahrung, daß Gott ihre Wünsche nicht erfüllt. Dies führt bei vielen Kindern keineswegs dazu, daß sie Gott in Frage stellen oder an ihrem Gottesglauben zu zweifeln beginnen. Vielmehr finden sie phantasievoll eine Reihe von Gründen, mit denen sie zu erklären versuchen, warum er ihnen in bestimmten Situationen nicht geholfen hat. Diesen Phantasiegebrauch bezeichnen wir als apologetisch. Die Kinder machen sich gleichsam zu Advokaten Gottes. Dadurch gelingt es ihnen, ihren Gottesglauben aufrechtzuerhalten. Silvia aus Leipzig erklärt in diesem Zusammenhang beispielsweise, warum es Gott zugelassen hat, daß ihr Großvater sterben mußte, obwohl sie Gott gebeten hatte, ihn am Leben zu erhalten:

„... Gott hat das auch schon gewollt, daß mein Opa dann auch mal stirbt. Weil, es kann ja ein Mensch nicht so lange leben bleiben, sonst wäre ja die Mensch ..., ähm, die Welt übervoll mit Menschen. Und deswegen finde ich es auch, da hat Gott schon etwas recht, daß er meinen Opa eben sterben lassen hat. Ich meine, ich finde es auch gut, daß Gott ihm nicht so eine schlimme Krankheit gegeben hat, daß er sich nicht gequält hat und so. Das finde ich auch schön, daß mein Opa in Frieden gestorben ist."[22]

---

22 WKg, S. 148.

Silvia geht davon aus, daß es Gottes Wille war, daß ihr Großvater nicht mehr lebt. Warum dies Gottes Absicht war, dafür findet sie eine Reihe von Gründen, die den Willen Gottes plausibel erscheinen lassen. Daher besteht für sie kein Anlaß, Gottes Handeln in Frage zu stellen oder an ihm selbst zu zweifeln.

Die zehnjährige Stephanie – ebenfalls aus Leipzig – betet regelmäßig abends im Bett. Darüber hinaus betet sie vor Klassenarbeiten. Hier läßt sie sich von der Überzeugung leiten, daß Gott immer hilft. Sie macht aber die Erfahrung, daß sich ihre Noten bei Klassenarbeiten trotz ihrer Gebete nicht verbessern. Wie geht sie damit um? Die Verantwortung dafür weist sie nicht Gott zu, sondern sich selbst, weil sie „alles falsch hingeschrieben hat."[23] Auch Stephanie findet eine plausible Erklärung dafür, warum Gott ihren Gebetswünschen vor Klassenarbeiten nicht nachkommt. Wegen der Fehler klagt sie nicht Gott an, sondern sucht die Verantwortung dafür bei sich selbst. Wobei sie davon ausgeht, daß Gott nicht will, daß sie Fehler macht.

Wenn man die Aussagen der beiden Mädchen vergleicht, dann fällt auf, daß sie sich in unterschiedlicher Weise zum Advokaten Gottes machen. Während Silvia Gottes Handeln zu rechtfertigen scheint, sucht Stephanie den ausbleibenden Erfolg bei Klassenarbeiten bei sich selbst. Das eine Mädchen denkt offenbar von Gott her; das andere bringt sich selbst ins Spiel, indem es auf seine eigene Verantwortlichkeit hinweist. Bei ihm können wir eine Differenzierung der Gottesbeziehung vermuten, in der sich das Erwachen seines Autonomiebewußtseins andeutet.

---

23 Aus einem unveröffentlichten Interview.

1.5. Gestalterische Phantasie

Die gestalterische Phantasie von Kindern tritt im religiösen Bereich besonders dann zutage, wenn sie gebeten werden, ihre Vorstellungen von Gott zeichnerisch darzustellen.[24] Dabei ist im Grundschulalter in erster Linie davon auszugehen, daß sie Gott überwiegend anthropomorph als männliche Gestalt zeichnen. Ihre Phantasie gebrauchen sie, um zu verdeutlichen, in welcher Weise sich Gott vom Menschen unterscheidet. Dazu benutzen sie eine Fülle unterschiedlicher Attribuierungen. Zu den Attribuierungen gehören der Bart, der Heiligenschein, die Krone, das Zepter, der Hirten- oder Bischofsstab, der Regenbogen, Sterne oder Blitze – nur um einige zu nennen. Daneben zeichnen sie Gott oft von Engeln umgeben oder mit der Erde in den Händen. Bei nicht-religiös erzogenen Kindern erscheint die Bandbreite unterschiedlicher Attribuierungen noch größer. Der Grund dafür ist darin zu sehen, daß ihnen oftmals jegliches religiöse Wissen fehlt. Deshalb sind sie auf Phantasiegebilde angewiesen, zu denen in der Regel zufällige Informationen über Gott aus ihrer Umwelt Anstoß geben.

Manche religiös erzogenen Kinder wählen bereits im Grundschulalter symbolische Repräsentationen Gottes. Sie stellen sich Gott zum Beispiel als Hand, Hirte oder Sonne vor. In erster Linie scheint es das religiöse Wissen zu sein, das die Kinder zu solchen Darstellungen veranlaßt. Im Laufe der Entwicklung weitet sich die Wahl der Motive symbolischer Repräsentationen so stark aus, daß es naheliegt, von einer Individualisierung[25] der Gottesbilder als Ergebnis ihrer gestalterischen Phantasie zu sprechen. Wobei davon auszugehen ist, daß diese Phantasien oftmals biographisch verankert sind.

---

24 Vgl. dazu: H. Hanisch, Die zeichnerische Entwicklung des Gottesbildes bei Kindern und Jugendlichen. Eine empirische Vergleichsuntersuchung mit religiös und nicht-religiös Erzogenen im Alter von 7-16 Jahren, Leipzig/Stuttgart 1996.

25 Vgl. dazu ders., a. a. O., S. 63 ff. und S. 184 ff.

2. Erzieherische Bedeutung der religiösen Phantasie

Im folgenden geht es darum, nach der erzieherischen Bedeutung der religiösen Phantasie von Kindern zu fragen. Dabei wollen wir uns von den einzelnen Kategorien leiten zu lassen, unter denen wir den Phantasiegebrauch oben zusammengefaßt haben. Unser Interesse ist es dabei, auf pädagogische Chancen und Gefahren aufmerksam zu werden, die sich im Zusammenhang mit dem kindlichen Phantasiegebrauch in religiöser Hinsicht ergeben können.

2.1. Bedeutung der märchenhaften Phantasie

Bedeutsam ist es zunächst, daß Kinder in religiösen Zusammenhängen ihre Phantasie gebrauchen. Dabei gelangen sie zu anschaulichen Bildern. Sie verhelfen ihnen dazu, sich Sachverhalte vorzustellen, die jenseits der Realität angesiedelt sind. Durch das freie Spiel der Vorstellungen gelangen sie so zur Anschauung dessen, was eigentlich nicht angeschaut werden kann. In besonderer Weise offenbart sich das im Hinblick auf Gott. Darin liegt zugleich die Grenze dieser märchenhaften Phantasien, so wie wir sie oben kennengelernt haben. Diese Grenze tritt dann markant hervor, wenn die ursprünglichen Bilder im Laufe der Biographie erstarren und sich verfestigen. Diese erstarrten Bilder werden mit zunehmendem Alter der Kinder von ihnen oftmals als Folie benutzt, um Gott in Frage zu stellen. Denn aufgrund zunehmender Lebenserfahrung stellen sie fest, daß Gott nicht so handelt, wie sie sich das früher vorgestellt haben. Daraus ziehen sie die Schlußfolgerung, daß der alte Mann in den Wolken zu schwach und kraftlos ist, um in das Geschehen auf der Erde eingreifen zu können. Das Ausbleiben des Eingreifens Gottes in Krisen- und Konfliktsituationen ist für sie ein deutlicher Beweis, daß es Gott letztlich nur in der Phantasie gibt. Als Phantasiegestalt mag er seine Berechtigung haben, nicht aber als ein persönliches Gegenüber. Solche Gedanken finden sich mehr oder weniger explizit in Aussagen, mit denen junge Menschen aus nicht-religiösen Elternhäusern Bilder, die sie von Gott gezeichnet haben, kommentieren. Ein 14jähriger Junge aus Leipzig schreibt zum Beispiel:

„ Geld regiert die Welt und nicht Gott. Und auch kein Gott kann Unfälle verhindern, wenn es ihn wirklich geben würde. Die Kirche stellt nie das wirkliche Leben dar. In Geschichte habe ich gelernt, daß die Kirche die ärmere Bevölkerung ausbeutet. Der Gott ist keine Person. Ihn kann ich nicht anfassen, nicht hören, nicht sehen, also existiert er auch nicht für mich. Früher habe ich an ihn geglaubt, als ich nicht das wirkliche Leben sah, als alles noch schön und bunt war."[26]

Ein 14jähriges Mädchen aus der Messestadt äußert sich entsprechend:

„ Ich glaube im Grunde überhaupt nicht daran. Aber wenn, dann könnte es doch so sein, daß irgendwo im All dieser Gott irgendwie lebt und die Erde überblicken kann. Man kann aber schon daraus schlußfolgern, daß es ihn nicht gibt, weil es z. B. immer noch Elend und Not in anderen Teilen der Welt gibt. Wenn es einen ‚lieben Gott' geben sollte, dann müßte er Glück und ein langes Leben an alle ‚austeilen'. Es wäre schön, wenn es einen gäbe, dann hätte man jemanden, an den man sich, außer an Freunde, klammern könnte."[27]

Diese beiden Kommentare verdeutlichen, daß der Junge und das Mädchen unbestimmte Vorstellungen von Gott haben und diese aber mit bestimmten Erwartungen verbinden. Weil diese Erwartungen nicht erfüllt werden, ergeben sich daraus hinreichend Argumente, um nicht an Gott zu glauben. Offenbar – das läßt sich aus dem Kommentar des Jungen ableiten – war das Phantasiebild früher stark genug, um an Gott glauben zu können. Durch die biographische Erweiterung des Lebens- und Erfahrungshorizontes reicht es jedoch nicht mehr aus, diesen Glauben aufrechtzuerhalten. Das religionspädagogische Problem, das sich daraus ableiten läßt,

---

26 A. a. O., S. 160.
27 Ebd.

besteht darin, daß die ursprünglichen Phantasievorstellungen, die die Kinder von Gott hatten, im Laufe ihrer Lebensgeschichte keine Veränderung oder Erweiterung erfahren haben. Wenn spätere Erfahrungen des „wirklichen Lebens" an sie herangetragen werden, erweisen sie sich für die Glaubensentwicklung als kontraproduktiv. Daraus ergibt sich die Schlußfolgerung, daß es eine wesentliche Aufgabe der religiösen Erziehung ist – vielleicht der Erziehung überhaupt, wenn es darum gehen soll, junge Menschen zu religiöser Toleranz zu befähigen – ihnen Impulse und Anreize zu geben, im Laufe ihrer Entwicklung ihre märchenhaften Phantasien von Gott zu revidieren und auszuweiten. Dabei geht es maßgeblich darum, den Heranwachsenden aus biblischer Sicht differenzierte Vorstellungen von Gott nahezubringen. Dabei genügt es nicht, vom „lieben" Gott zu reden. Für die Entwicklung des Gottesbildes wird es u. a. entscheidend sein, daß neben den Gott als Garanten des Guten – der reformatorischen Tradition folgend[28] – Gott als der Verborgene tritt, dem sich der Mensch verzweifelt und klagend nähert. Zugleich sollte deutlich werden, daß der sich in Christus offenbarende Gott nicht das Leid und das Elend der Menschen will, sondern daß er mit den Menschen leidet und für die Menschen leiden will; dies zeigt das Kreuz.[29] An eine entscheidende Voraussetzung ist jedoch die Differenzierung des Gottesbildes gebunden: Die Phantasiebilder müssen selbst zum Gegenstand des Nachdenkens werden. Sie müssen gleichsam durch Information, Reflexion und Imagination umstrukturiert, verfeinert oder durch neue ersetzt werden.[30]

---

28 Nach M. Luther ist von der Polarisation Gottes als dem deus absconditus und dem deus revelatus (dem verborgenen und dem sich offenbarenden Gott) auszugehen.

29 Vgl. K. E. Nipkow, Erwachsenwerden ohne Gott? Gotteserfahrung im Lebenslauf, München 1987, S. 59.

30 Vgl. dazu J. W. Fowler, Stufen des Glaubens. Die Psychologie der menschlichen Entwicklung und die Suche nach Sinn, Gütersloh 1991, S. 153.

2.2. Bedeutung der aneignenden Phantasie

Bei der religiösen Erziehung kommt der aneignenden Phantasie eine zentrale Stellung zu. In ihr wird das Bemühen von Kindern deutlich, religiöse Inhalte nicht nur zu übernehmen, wie sie ihnen von den Erwachsenen vorgegeben werden, sondern sie wollen das, was sie hören, auch verstehen. Das bedeutet, sie wollen zu plausiblen Erkenntnissen gelangen.

Auf den ersten Blick erscheint es so, als ob sich Phantasie und Erkenntnis widersprechen. In der Regel sind Erwachsene und auch manchmal Lehrerinnen und Lehrer dazu geneigt, die Phantasien der Kinder zurückzuweisen, weil sie mit ihnen wenig oder nichts anfangen können und den Verstandesgebrauch überbewerten.[31]

Dem ist entgegenzuhalten, daß sich Rationalität und das Irrationale, Logos und Mythos, wissenschaftliche Erkenntnis und subjektive Erfahrung, Denken und Gefühl, Empirie und Phantasie, Bewußtes und Unbewußtes nicht gegenseitig ausgrenzen lassen.[32] Sie stehen zueinander in einem dialektischen Spannungsverhältnis. Wenn der Phantasie jeglicher empirische Bezug fehlt, dann ist sie in Gefahr, grenzenlos zu werden und zu bloßer Phantasterei zu entarten. Umgekehrt gilt, wenn dem Verstandesgebrauch jegliche Phantasie fehlt, dann ist es unmöglich, Probleme kreativ zu lösen.

Um Prozesse der aneignenden Phantasie im Religionsunterricht zu unterstützen, erscheint beides notwendig: die Entfaltung der Phantasie und die Vermittlung von Sachwissen, das – in naturwissenschaftlichen Zusammenhängen mit der Empirie vergleichbar – dazu dient, der Phantasie den Stoff zu liefern, um zu plausiblen Erklärungen theologischer Inhalte zu gelangen. Dies ist eine wesentliche Voraussetzung der aneignenden Phantasie. Damit sie wirksam werden kann, müssen jedoch weitere Bedingungen erfüllt sein, auf die im folgenden näher einzugehen ist.

---

31 Vgl. dazu W. Correll, Programmiertes Lernen und Schöpferisches Denken, München 1965, S. 62.
32 Vgl. W. Popp, Phantasie und Nachdenklichkeit, in: Erfahrungen mit Phantasie, Hohengehren 1994, S. 117–129, hier S. 117.

Zunächst ist es wichtig, daß der Religionsunterricht bei der Beschäftigung mit Glaubensfragen so gestaltet wird, daß er den Erkenntnisprozeß der Kinder nicht belehrend festlegt oder eindeutig kanalisiert. Denn dann sind nur noch Antworten möglich, die mit den Kategorien „richtig" oder „falsch" zu beurteilen sind. Dies mag bei der Vermittlung von Sachwissen angemessen sein, nicht aber bei dem Versuch der Kinder, theologische Aussagen zu verstehen. Zu fordern ist statt dessen ein Unterricht, der offen angelegt ist und Unsicherheiten zuläßt, die die Kinder zur Nachdenklichkeit anregen.[33] Anders ausgedrückt: Der Religionsunterricht muß – vergleichbar mit der pädagogischen Entdeckung, daß Kinder philosophieren können[34] – davon ausgehen, daß Kinder in der Lage sind, sich spekulativ mit theologischen Inhalten zu beschäftigen. Um spekulative Denkprozesse in Gang zu bringen ist es erforderlich, daß von seiten der Unterrichtenden deutlich wird, daß biblische Texte oder dogmatische Aussagen bei ihnen selbst immer wieder zu Fragen und zum Nachdenken Anlaß geben, die der Veränderung unterworfen sind und zu neuen Deutungen führen. Diese Veränderungen werden dann besonders deutlich, wenn sowohl die Unterrichtenden wie auch die Kinder in ihre Biographie zurückblicken. Denn bereits Zehnjährige stellen zum Beispiel, wenn sie danach gefragt werden, gegenüber früher markante Unterschiede im Hinblick auf ihre Gottesbeziehung oder ihr Gottesbild fest.[35]

Wie ist nun ein solcher Unterricht, der der aneignenden Phantasie Raum gibt, methodisch zu gestalten? Bei der Beantwortung dieser Frage werden wir auf die Reformpädagogik verwiesen. Es ist die Kultur des freien Gesprächs, die der aneignenden Phantasie Raum gibt. Im Unterschied zum gelenkten Unterrichtsgespräch geht es dabei nicht darum,

---

33 Vgl. dazu W. Popp, a. a. O., S. 120.
34 Vgl. dazu beispielsweise: Philosophieren mit Kindern, in: F. Benseler/ B. Blank u. a. (Hg.), Ethik und Sozialwissenschaften. Streitforum für Erwägungskultur, Heft 3 (1993) u. E. Martens/H. Schreiner (Hrsg.), Philosophieren mit Schulkindern, Heimsberg 1994.
35 Vgl. dazu G. Orth/H. Hanisch, Glauben entdecken – Religion lernen, S. 280.

durch Fragen und Impulse der Unterrichtenden vorgefaßte Ziele anzusteuern, sondern mit den Worten Peter Petersens in einen „geistigen Verkehr mit Kindern" zu treten. Diesen geistigen Verkehr charakterisiert er näher mit den Worten:

„ Denken ist ein Ablaufen, ein Dahinfließen von Vorstellungen in ganzen Reihen, mit Stockungen und Überkreuzungen von Gedankenreihen; dann wieder ein scheinbares Stillstehen und Ausruhen, nun wieder ein plötzliches Auftauchen von Beziehungen und ein Dahinsausen der Einsichten und Erkenntnisse usf. Schon Wilhelm Wundt lehrte uns: Die Phantasie ist die ursprüngliche Form des Denkens."[36]

Dieses Denken, bei dem dem Verstand und der Phantasie eine Schlüsselrolle zukommen, gilt es im Religionsunterricht zu kultivieren.

2.3. Bedeutung der verbindenden Phantasie

Im Hinblick auf die Frage nach der Erfahrbarkeit Gottes kommt der verbindenden Phantasie große Bedeutung zu. Gott ist für Kinder, die ihre Phantasie entsprechend gebrauchen, kein abstraktes Wesen, das den Menschen beziehungslos gegenübersteht. Das Gegenteil ist der Fall: Gott wird als Wirklichkeit erfahren, die unmittelbar auf ihr Leben Einfluß nimmt. Für diese Kinder stellt sich das Problem (noch) nicht, daß Gott nicht unmittelbar mit den Sinnen wahrgenommen werden kann, wie dies bei Heranwachsenden öfter der Fall ist. Entsprechend heißt es bei einer Vierzehnjährigen:

„ Ich würde gern an Gott glauben, und daß es ihn gibt, wie ich glaube, daß es alle meine Freunde gibt, aber das kann ich nicht. Sobald ich ihn gesehen habe, seine Nähe gespürt habe, sobald ich gemerkt habe, er ist für mich da, wenn ich ihn brauche, sobald werde ich ganz fest an ihn glauben, aber so?"[37]

---

36 P. Petersen, Führungslehre des Unterrichts, Braunschweig 1963 (7. Auflage), S. 203.
37 H. Hanisch, Menschen erfahren Gott. Vorschläge für den Religionsun-

Religionspädagogisch ist danach zu fragen, was zu dem Bruch der ursprünglichen, unmittelbaren Erfahrung Gottes führt. Anzunehmen ist, daß in der Phase, in der die Kinder beginnen, sich verstärkt der Realität zuzuwenden, sie nur noch das gelten lassen wollen, was sie mit ihren Sinnen wahrnehmen. Deutlich geht dies aus der Aussage des vierzehnjährigen Mädchens hervor. Vor diesem Hintergrund ist der einst kindliche Glaube Unsicherheiten und Irritationen ausgesetzt, die nicht selten zu einer grundlegenden Ablehnung Gottes führen. Die erste Naivität geht gleichsam verloren, ohne daß an ihre Stelle zwangsläufig eine Umgestaltung der ursprünglich kindlichen Gottesbeziehung treten würde. Die kindlichen Phantasien werden von den Heranwachsenden – ähnlich wie wir das im Zusammenhang mit der märchenhaften Phantasie festgestellt haben (vgl. oben) – als Phantastereien abgetan, denen keine Bedeutung mehr zukommt. An dieser Stelle gilt es grundsätzlich zu klären, ob es sich bei diesen Beobachtungen um entwicklungspsychologische Gesetzmäßigkeiten handelt, die hingenommen werden müssen, oder ob es möglich ist, den ursprünglichen Gottesglauben zu bewahren, der in der verbindenden Phantasie zum Ausdruck kommt. Wenn wir nicht von einer determinierten Stufenlehre[38] ausgehen, die suggeriert, daß der Mensch im Laufe seiner Biographie auch die Phase durchläuft, in der die Beziehung zwischen Gott und dem Menschen abbricht[39], dann ist die Religionspädagogik herausgefordert, Wege zu zeigen, wie das deistische Verständnis Gottes, in dem Transzendenz und Immanenz nach F. Oser und P. Gmünder[40] auseinanderfallen, überwunden werden kann.

Helfen wird es den Kindern, wenn ihre Phantasien selbst zum Gegenstand der Reflexion werden. Dabei sollten sie zu

terricht in der Sekundarstufe, in: Der Evangelische Erzieher. Zeitschrift für Pädagogik und Theologie, Frankfurt a. M., Heft 5 (1991), S. 529–546, hier S. 535.

38 Vgl. dazu z. B. die Stufenlehre von F. Oser u. P. Gmünder, Der Mensch – Stufen seiner religiösen Entwicklung. Ein strukturgenetischer Ansatz. Gütersloh 1988 (2., überarbeitete Auflage).

39 Vgl. a. a. O., S. 80.

40 Ebd.

der Einsicht gelangen, daß Gott nicht unmittelbar in das Leben des Menschen eingreift, sondern daß es Menschen gibt, die im Geist Gottes handeln und für andere da sind. Hinweise darauf ergeben sich unmittelbar aufgrund der Beispiele, die wir oben zitiert haben. Wo die Hilfe Gottes nicht durch Menschen vermittelt ist, wie dies zum Beispiel bei Johannes der Fall war, wäre es lohnend, mit den Kindern darüber nachzudenken, in welcher Weise Gott hier geholfen hat. Dabei brauchen wir uns nicht von Antworten Erwachsener leiten zu lassen, sondern können darauf vertrauen, daß die Kinder selbst plausible Erklärungen finden werden. Wichtig ist es, den Kindern einen Weg anzudeuten, der sie davor bewahrt, über die Kritik zu stolpern, die sich aufgrund des kindlichen Realismus ergeben kann. Zu vermuten ist, daß sich das Problem relativiert, wenn die Heranwachsenden über hinreichende Vorstellungen verfügen, die die Erfahrbarkeit Gottes, obwohl ihn der Mensch nicht sehen kann, plausibel erscheinen lassen.

2.4. Bedeutung der apologetischen Phantasie

Das, was wir eben im Zusammenhang mit der verbindenden Phantasie ausgeführt haben, läßt sich weitgehend auf die apologetische Phantasie übertragen. Denn sie steht in enger Beziehung zur verbindenden Phantasie. Sie ist gleichsam deren negative Kehrseite. Dies wird deutlich, wenn wir uns vergegenwärtigen, daß die Kinder bei dem Gebrauch der apologetischen Phantasie grundsätzlich von der Lebensverbundenheit Gottes ausgehen. Der Unterschied besteht jedoch darin, daß sich diese Voraussetzung im Hinblick auf die Gebetsanliegen von Kindern nicht immer bewahrheitet. Dies führt nun nicht, wie wir gesehen haben, zu Zweifeln an der Wirksamkeit oder Existenz Gottes, sondern dazu, daß Kinder Gründe finden, warum Gott ihre Bitten nicht so erfüllt, wie sie es zunächst erhoffen. Erzieherisch bedeutsam sind die inhaltlichen Begründungen, die Kinder vornehmen, um das Handeln Gottes zu rechtfertigen. Sie sollten religionspädagogisch aufmerksam wahrgenommen werden. Dabei geht es aufgrund der obigen

Schilderung um ein doppeltes Anliegen. Zum einen wird das Handeln selbst als nachvollziehbar und einleuchtend beschrieben. Zum anderen wird der Versuch unternommen, das Verhältnis von Gottes Handeln und menschlicher Autonomie näher zu bestimmen.

Wenn wir an der Stelle noch einmal die Hinwendung zum Realismus ins Spiel bringen, die sich im Laufe der Entwicklung einstellt, dann können sich im Zusammenhang des apologetischen Gebrauchs der Phantasie zwei Schwierigkeiten ergeben: In einem Fall besteht die Gefahr, daß sich die phantasievolle Erklärung des Handelns Gottes bei den Heranwachsenden nicht mehr als tragfähig erweist. Im anderen Fall kann sich die andeutende Autonomie im fortgeschrittenen Alter verselbständigen. Beides wird zu einer Erschütterung der Gottesbeziehung führen. Um diese Probleme zu vermeiden und einem möglichen Abbruch der Gottesbeziehung entgegenzuwirken, erscheint es ratsam, mit den Kindern über ihre Phantasien nachzudenken. Behutsam sollte dabei der Gedanke angebahnt werden, daß der Mensch in letzter Konsequenz das Handeln Gottes nicht ergründen kann. Denn wenn der Mensch Gottes Handeln erklären könnte, hieße das, daß er in der Lage wäre, sich über Gott zu erheben. Positiv gewendet heißt das, daß Kinder starke Bilder brauchen, die es ihnen erlauben, trotz der Unergründlichkeit des Handelns Gottes die Beziehung zu ihm aufrechtzuerhalten.

2.5. Bedeutung der gestalterischen Phantasie

Die Bedeutung der gestalterischen Phantasie liegt in erster Linie in den diagnostischen Möglichkeiten, die durch sie freigesetzt werden. Trotz des bestehenden biblischen Verbots, sich von Gott kein Bildnis zu machen, das sich in Israel nach dem Exil in erster Linie auf den kultischen Bereich bezieht[41], ist es lohnend, Kinder und Heranwachsende ihre

---

41 Vgl. dazu S. Schroer, In Israel gab es Bilder, Freiburg (Schweiz)/Göttingen 1987.

Vorstellungen von Gott zeichnen oder malen zu lassen. Die so entstehenden Gottesbilder helfen den Unterrichtenden herauszufinden, wie die Schülerinnen und Schüler sich in ihrer Phantasie Gott vorstellen und womit sie ihn in Verbindung bringen.[42] Daraus lassen sich wertvolle Einsichten gewinnen, die religionspädagogisch Beachtung finden sollten. Nicht zuletzt geben sie darüber Auskunft, wie Kinder und Heranwachsende Informationen über christliche Inhalte, die aus unterschiedlichen Quellen stammen können, aufgreifen und in ihrer Phantasie verarbeiten. Aufgabe des Religionsunterrichtes wird es sein, die Repräsentationen Gottes wahrzunehmen und kritisch zu überprüfen, welche Auswirkungen sie auf die Gottesbeziehung von Kindern und Jugendlichen haben können. Im Zusammenhang mit der Diskussion der märchenhaften Phantasie haben wir oben bereits darauf hingewiesen, daß es sich als besonders problematisch erweist, wenn das kindliche Gottesbild erstarrt und im Laufe der Entwicklung als Instrument benutzt wird, sich kritisch mit der Gottesfrage zu beschäftigen. Um mögliche Sackgassen in der Entwicklung der Gottesbeziehung zu vermeiden, ist es im Rahmen der religiösen Erziehung notwendig, jungen Menschen unterschiedliche Vorstellungen von Gott anzubieten, die zum Nachdenken und zur Auseinandersetzung einladen. Dafür finden sich sowohl in der Kunstgeschichte als auch in der Bibel selbst viele Beispiele. Zugleich wird es die Aufgabe des Religionsunterrichtes sein, biographische Veränderungen des Gottesbildes zu thematisieren, um damit zu verdeutlichen, daß der Mensch nicht auf ein bestimmtes Gottesbild festgelegt ist, sondern daß es im persönlichen Leben Differenzierungs- und Reifungsprozesse gibt, die eine Veränderung des Gottesbildes nahelegen.

---

42 Vgl. dazu z. B. H. Hanisch, Die zeichnerische Entwicklung des Gottesbildes bei Kindern und Jugendlichen; E. Harms, The Development of Religious Experience in Children, in: American Journal of Sociology (50) 1944 oder A. A. Bucher, Gottesbilder von Kindern, in: Praxis, Katechetisches Arbeitsblatt 6/1991.

3. Ausblick

Eine wichtige Aufgabe des Religionsunterrichtes ist es, die religiösen Phantasien der Kinder wahrzunehmen und zu thematisieren. Dabei kann es nicht darum gehen, bestimmte Phantasien der Kinder als Phantastereien zu übergehen oder gar zurückzuweisen, sondern es kommt darauf an, sensibel darauf zu achten, wie Kinder ihre Phantasie in religiösen Zusammenhängen gebrauchen. Die Beschäftigung mit den Vorstellungen der Kinder kann zu heilsamen Irritationen führen, die Anlaß geben, den eigenen Glauben und den der Kinder zu überdenken. Je mehr in der Schule der kindlichen Phantasie Raum gegeben wird[43], um so mehr kann davon ausgegangen werden, daß religiöses Lernen im Sinne der Aneignung möglich wird.

---

43 Vgl. dazu L. Duncker, Zur Bedeutung der Phantasie für das Lernen, in: L. Duncker, Zeigen und Handeln. Studien zur Anthropologie der Schule, Langenau-Ulm 1996, S. 91–111.

III.

Religionspädagogik und religiöse Phantasie

„Dinge machen, von denen wir nicht wissen, was sie sind"[1]

Auf den Spuren ästhetischer Erfahrung im Religionsunterricht

Für Christoph Bizer

Ingrid Schoberth

1. Kreativität, Phantasie und die durchrationalisierte Welt

Phantasie und Kreativität haben Konjunktur, stehen die Begriffe doch für das, was in einer rationalisierten Welt schmerzlich vermißt wird. In der technischen Ordnung der Welt scheint das Leben zu verarmen; Phantasie und Kreativität werden als kompensatorische Leistungen auch von denen gefordert und gefördert, die die technische Ordnung tragen. Können sie aber das noch leisten, was ihnen zugemutet wird, wenn ihr Nutzen kalkuliert wird, ihre Ergebnisse vermarktet werden und sie für alles herhalten sollen, was anders nicht mehr möglich ist? Ist Kreativität nicht schon längst verloren, wenn sie zugleich wieder dem Kalkül und der Machbarkeit unterworfen wird?[2]

---

1 „Die Gestalt aller künstlerischen Utopie heute ist: Dinge machen, von denen wir nicht wissen, was sie sind." (Th. W. Adorno, Vers une musique informelle, in: ders., Quasi una fantasia, Gesammelte Schriften 16, Frankfurt/M. 1978, S. 493–540, hier S. 540).
2 Vgl. H. Heckmann/G. Dette (Hg.), Phantasie als Leistung. Voraussetzungen der Literatur und der Wirtschaft, Göttingen 1996.

Phantasie und Kreativität stehen für das, was unveräußerlich zu menschlichem Leben gehört und zugleich gefährdet ist. In seinen Überlegungen zur Kreativität konstatiert Hartmut von Hentig darum „Hohe Erwartungen an einen schwachen Begriff"[3]; Kreativität ist angemessen nur wahrzunehmen in der Spannung solcher unverzichtbarer Erwartungen und ihrer Brechung, um sie vor Überlastung zu schützen.[4] Das Wort ‚Kreativität' „steckt noch voller Versprechungen. Jeder weiß es zu nutzen, keiner mag es entbehren, keiner kritisiert es. Es ist gleichermaßen beliebt bei Technikern und Umweltschützern, Wirtschaftsführern und Pädagogen, den schwarzen, roten, grünen und blaugelben Parteien."[5] Ein Begriff, der zu allem zu passen scheint, muß gerade deshalb Skepsis hervorrufen. Als Kompensationsleistung in Gesellschaften, die dazu neigen „alles ‚durchzurationalisieren'"[6], würde Kreativität selbst dieser Rationalisierung unterworfen. Zerstört die Konjunktur des Begriffs die Verheißungen, für die ‚Kreativität' stehen sollte?

Der Begriff der ‚Kreativität' scheint zum Eigentum der Werbebranche und der Unternehmensberatungen geworden zu sein. Ein ‚Institut für angewandte Kreativität' bietet sich an, die ‚Kreativität' der Mitarbeiter zu fördern und „die Organisationsstruktur Ihrer Firma zu optimieren"; die Kreativität einer Käsefabrik „drückt sich tagtäglich bei der Käseherstellung aus. Sie ermöglicht uns zahlreiche über das Jahr verteilte Werbekampa-

---

3 H.v. Hentig, Kreativität. Hohe Erwartungen an einen schwachen Begriff, München/Wien 1998.
4 Vgl. a. a. O., S. 72: „Wo immer wir von der Kreativität ein Wunder erwarten, werden wir es nicht bekommen. Wir müssen das mühsamer werdende Geschäft der Politik, der Wirtschaft, der Wissenschaft, der Pädagogik weiterhin mit den großen alten Tugenden bewältigen und dürfen froh sein, daß es immer wieder die Glücksfälle der Hochbegabten, der Schöpferischen, der heiteren Hermeskinder gibt." So berechtigt v. Hentigs Warnung vor der Überforderung der Kreativität ist, so stellt sich doch auch die Frage nach der Unterforderung und des Rückzugs auf die etablierte Spitzenkultur. Kreativität braucht auch den Gegenpol von Joseph Beuys Maxime, jeder Mensch sei ein Künstler.
5 A. a. O., S. 10.
6 A. a. O., S. 12.

gnen"; freilich rühmt sich auch die IG Metall einer „kreativen Tarifpolitik". Eine multimedial aufbereitete „Kreativität, die sich auszahlt" ist selber verrechenbar geworden und selbst Moment der Durchrationalisierung, deren Gegengewicht sie einmal sein wollte.

Demgegenüber mag im Begriff der Phantasie noch das wahrzunehmen zu sein, was im Begriff Kreativität verlorengegangen ist, auch wenn und gerade weil der Begriff Phantasie oft mit dem Verdacht des Unrealistischen besetzt wird. Allenfalls wird außer den Künstlern noch Kindern Phantasie erlaubt, weil sie eben noch als Entdecker ihrer Welt agieren dürfen. Zugleich ist darin der Neid derer spürbar, deren Realismus sich das Lebendige am Leben zunehmend versagt.[7] Aber bleibt die Phantasie dann nur noch ein Vermögen der Kindertage, das, wie von Hentig herausstellt, irgendwann durch ‚Kulturanstrengungen' verkümmert und erstickt wird? Mit der pädagogischen Forderung „zu erhalten, was die Natur vorgibt"[8] unternimmt Hartmut von Hentig die Suche nach Wegen, auf denen das kindliche Vermögen der Phantasie nicht verkümmert, das von Erwachsenen bewundert und zugleich meist beschränkt wird. Es bedarf der Lernformen, die zu einem Leben mit Phantasie befreien über die Schulzeit hinaus.

Die schulische Normalität ist dem allerdings kaum zuträglich. Auch im Religionsunterricht zeigt sich, daß Kreativität, Phantasie und Spontaneität mehr und mehr verkümmern und es mehr denn je schwierig ist, Kinder auf ihre eigenen Fähigkeiten und ihre schöpferische Kraft hin anzusprechen und zu motivieren. Die mediale Bilderflut, der Kinder und

---

7 Das Gegenbild zu solchem ‚Realismus' findet Theodor W. Adorno bei Alban Berg: „Ihm gelang es, kein Erwachsener zu werden, ohne daß er infantil geblieben wäre." (T.W. Adorno, Berg. Der Meister des kleinsten Übergangs, in: ders., Gesammelte Schriften 13, Frankfurt/M. 1997, S. 321–494, hier S. 367)

8 H.v. Hentig, Kreativität, S. 41. Zur Geschichte der ästhetischen Bildung im Zusammenhang der Reformpädagogik vgl. J. Oelkers, Reformpädagogik. Eine kritische Dogmengeschichte, Weinheim/München 1989, S. 43 f. u. ö.

Jugendliche ausgesetzt sind, erzeugt einen eigenen Typ der Erfahrung, die Phantasie reguliert und unterhöhlt. Langsames und aufmerksam verweilendes Schauen und Betrachten – Voraussetzungen eigener Entdeckungen – werden ersetzt durch Geschwindigkeit und Diffusion. Die Wahrnehmung der Kinder und Jugendlichen wird darin geschult, sich mehr und mehr aufzusplittern in Sequenzen und hektisch wechselnden Bildern; weil aber keine Zeit bleibt, das einzelne Bild auszuschreiten, kann es nur in vorgängigen Stereotypen wahrgenommen werden. Ruhe und Muße, die erst wahrnehmen, entdecken und schauen läßt, wird ausgeschlossen; kindgerecht scheint den Medienmachern die Schnelligkeit und Farbigkeit, so daß Nachdenken geradezu unmöglich wird. Das Zappen zwischen den Programmen ist die Entsprechung zur Vervielfältigung kaum unterscheidbarer Angebote und führt zu einer unkontrollierten Wahrnehmung einzelner Ausschnitte, die ohne innere Logik aneinandergereiht sind. In den ‚Daily Soaps' ist die bloße Aneinanderreihung von Geschichtsschnipseln zum dramaturgischen Leitprinzip geworden. Die story verkommt zur zusammenhangslosen Abfolge von austauschbaren Ereignissen. Die spezifische Anstrengung, die ein Film zumutet – seiner Logik zu folgen und die Bereitschaft, sich auf Ideen und Phantasien eines Autors einzulassen – wird überflüssig; Neues ist nirgends zu erwarten.

Gerade jenes Neue aber ist der Gegenstand eines Religionsunterrichts, der mehr sein will als Information über eine (vergehende) christliche Kultur. Die Dimensionen des Lebens, in denen Religion wahrnehmbar wird und in denen Religion lebt, koinzidieren mit den ästhetischen; beide widerstehen gleichermaßen der fortschreitenden Rationalisierung und Festlegung des Lebens auf das Vorgegebene.[9] Die

---

9 Georg Hilger erkennt im Wahrnehmen und Schauen einen wesentlichen Modus des Religionsunterrichts: „Ich denke an einen Religionsunterricht, in dem das ästhetische Subjekt sich in möglichst ‚ganzheitlicher Weise' in Beziehung setzen kann zu sich, seiner ästhetischen Welt und den gestaltgewordenen Objektivationen des Glaubens, der Kultur und der Umwelt, so perspektivisch und fragmentarisch dies immer bleiben

Erfahrungen des Glaubens sind mehr als nachträgliche Deutungen des Bestehenden; sie sind Erfahrungen des Neuen, das sich sperrt gegen das Eingefahrene und Ungelebte. Leben im Angesicht des Schöpfers heißt gleichzeitig, die Grenzen wahrzunehmen, die geschöpflichem Leben gegeben sind, und gegen solche Grenzen anzugehen, die die Freiheit geschöpflichen Lebens gefährden. Die Ermöglichung schöpferischen und phantasievollen Tuns hat ihren Grund in der zugemuteten Freiheit, die den Menschen von Gott zukommt.[10] Zugemutet ist solche Freiheit, weil sie nicht eine Freiheit ist, die sich der Mensch selbst schafft, sondern von Gott vorgegeben und also zu entdecken ist. Sie ist zugemutet darin, daß Menschen in dem, was sie tun, versuchen, entdecken, probieren und ausschreiten, Wirklichkeit ausschreiten, die ihnen als Lebensraum geschenkt ist. Im schöpferischen Tätigwerden als Gabe des Schöpfers erspielen darum Menschen die Wirklichkeit, die ihnen von Gott zukommt; darin wissen sie zugleich um die heilsame Begrenzung, die dem Tun des Menschen gesetzt ist. Der Schöpfungsauftrag des Bebauens und Bewahrens[11] schließt in sich, daß menschliches Handeln seine Grenzen erkennt und wahrzunehmen lernt.[12] In diesem schöpferischen Tätigwerden, das eben nicht grenzenlos ist, bleibt der Mensch darum nicht nur bei sich, nur mit sich selbst beschäftigt, sondern erfährt sich als

wird." G. Hilger, Wahrnehmung und Verlangsamung als religionspädagogische Kategorien. Überlegungen zu einer ästhetisch inspirierten Religionsdidaktik, in: H.-G. Heimbrock (Hg.), Religionspädagogik und Phänomenologie. Von der empirischen Wendung zur Lebenswelt, Weinheim 1998, S. 138–157, hier S. 139.

10 Vgl. dazu H.A. Stricker, Darstellung und Deutung religiöser Erfahrung in spontan gemalten Bildern. Pastoralpsychologische Erkundungsstudie zur Korrelation von Symboltheorie und Maltheorie, Bern 1998, S. 585: „So wie die Schöpfungsberichte letztlich soteriologisch als Zeugnisse der Befreiung Israels aus aller Knechtschaft zu lesen sind, so muss der Sinn menschlicher Kreativität in der Freiheit des Menschen gesehen werden. Schöpferisches Tun erwächst aus der Freiheit und führt zur Freiheit."

11 Gen 2,15; dies ist gerade kein Gegensatz zu Gen 1,28!

12 Ch. Link, Der Mensch als Geschöpf und Schöpfer, in: J. Moltmann (Hg.), Versöhnung mit der Natur, München 1986, S. 15–47.

Teil der Schöpfung Gottes.[13] ‚Bebauen und Bewahren‘ umfaßt gerade nicht nur die technischen Fertigkeiten und das rationale Bemächtigen des von Gott zukommenden Lebensraumes, sondern umschließt und erfordert gerade die schöpferische und gestaltende Aufmerksamkeit für das Neue, in denen die eingefahrenen Wege kritisch gebrochen werden und eine Ahnung der Wege sichtbar wird, die der Schöpfer bereithält.

Diese grundlegende schöpfungstheologische Perspektive des Religionsunterrichts kann nun nicht einfach kognitiv eingelöst werden, sondern bedarf der Einübung jener Aufmerksamkeit auf das Neue und das Uneingelöste, die exemplarisch in der ästhetischen Erfahrung leibhaftig wird. Darum kommt der modernen Kunst auch im Religionsunterricht eine kaum verzichtbare Rolle zu. Sie widersteht der medialen Beschleunigung ebenso wie sie den Blick öffnet für das, was noch nicht eingeordnet und festgestellt ist. Im Ästhetischen wird die Transzendenz erfahrbar, die der Glaube auf Gott hin zur Sprache bringt.

Diese Transzendenz, in der Theologie und moderne Kunst sich berühren, wird in besonderer Weise wahrnehmbar in der zunehmenden Reserve der Kunst gegen die Abbildung der Wirklichkeit und der Überhöhung des Bestehenden. Adorno erkennt darin die ästhetische Entsprechung zum biblischen Bilderverbot: „Das alttestamentliche Bilderverbot hat neben seiner theologischen Seite eine ästhetische. Daß man sich kein Bild, nämlich keines von etwas machen soll, sagt zugleich, kein solches Bild sei möglich.“[14] Im Suprematismus bei Kasimir S. Malewitsch wird das auch in seiner theologischen Bedeutung sichtbar, indem

---

13 Vgl. a. a. O., S. 22: Der Mensch „gewinnt seine Identität, indem er sich wahrnehmend in der Welt bewegt und in der Berührung mit den Dingen sich selbst erfährt. Die Welt der Pflanzen und Tiere ist keine nur äußere Staffage, er braucht sie nicht nur zu seiner Nahrung und Kleidung, er braucht sie zuvor, um gleichsam durch sie hindurch sich selbst zu finden. Der Versuch, sich aus ihr herauszureflektieren, wäre die Verleugnung seiner eigenen Geschöpflichkeit.“

14 Th. W. Adorno: Ästhetische Theorie; hg. von G. Adorno und R. Tiedemann, Frankfurt/M. 1973, S. 106.

die ikonographische Tradition zur Verweigerung des Ab-
bilds des Heiligen führt. In der radikalen Verweigerung der
Abbildung eröffnen sich radikal neue Wege des Wahrnehmens, Entdeckens und Suchens. Das schwarze Quadrat von
1913/1915[15] verdichtet sowohl die künstlerische Kritik am
vorfindlichen Leben, weil sich die Wirklichkeit in ihrer Unfreiheit und Bedrohlichkeit nicht mehr im Bild abbilden
läßt; zugleich ist diese äußerste Reduktion die Form, in der
die Gegenwart des Transzendenten zur Erscheinung kommen kann. Horst Schwebel bezeichnet diese Verweigerung
der Abbildbarkeit als den Ausdruck der Darstellung von
Transzendenz in der Entweltlichung, wie sie Malewitsch in
verschiedenen Versionen des Schwarzen Quadrates zeigt:
„Ist eine noch weitergehende Reduktion vorstellbar als Malewitschs ‚Schwarzes Quadrat auf weißem Grund‘ (1913/
1915) oder ‚Weißes Quadrat auf weißem Grund‘? Nicht
mehr Harmonie, der Ausgleich von einem Etwas ... ist das
Ziel, sondern die Annihilatio, die Annäherung an das
Nichts. Gott, Geist, das Nichts und die Gegenstandslosig-
keit werden in den Selbstäußerungen Malewitschs zu nahezu austauschbaren Begriffen."[16]
Malewitsch suchte nach einem Ausdruck für eine Wirklichkeit, die eben nicht im Vorfindlichen und ungelebten Leben aufgeht. Dies beginnt für ihn mit der Befreiung von allen
Bildern, die das Leben prägen, aber nicht die eigenen sind.
Eine neue Empfindungsweise der Welt steht ihm vor Augen,
der er jedoch nur schwer und immer nur unvollkommen
ansichtig werden kann.[17] Die traditionellen Ikonen werden
für ihn zum Ausgangspunkt der Suche nach einem neuen
Sehen auf das Leben. Mit den Bildern, die sich dem gegen-
ständlichen Abbilden verweigern, kritisiert er eine technisch
vereinnahmende Natur, die transformiert und denaturali-

---

15 K. Malewitsch, Schwarzes Quadrat 1914/1915, Öl auf Leinwand, 80
    × 80 cm, Tretjakow Galerie, Moskau.
16 H. Schwebel, Kunst und Religion zwischen Moderne und Postmoderne.
    Die Situation – Ein neuerwachtes Kunstinteresse, in: JRP 13 (1997),
    S. 47–70, hier S. 67.
17 Vgl. dazu S. Fauchereau, Malewitsch, Recklinghausen 1993.

siert wird, ebenso wie die technisch rationale Vereinnahmung des Menschen.[18] Er proklamiert damit ein Einstimmen in das Einfache, über den Gegenstand und alle Bindungen Erhabene. Die ikonenhafte Gestalt seiner Bilder[19] kann das Leiden ungelebten Lebens namhaft machen und bringt gerade so das Leben ins Spiel, das auszugreifen sucht nach Neuem. Was im schwarzen Quadrat noch unentdeckt aufscheint, ist sein künstlerischer Weg zur ‚weißen Natur' der Dinge, die sich nur im Nichtgegenständlichen findet. Die schöpferische Kraft des Suprematismus ist damit eine Weise der Arbeit an der Wirklichkeit, indem das Vorfindliche und Ungelebte kritisiert und in Frage gestellt wird, das Neue je und je entdeckt und anvisiert wird. So wird bei Malewitsch Kunst zu einem Seismograph für die Wahrheit des Leben.[20] Im schwarzen Quadrat wird Wirklichkeit ikonenhaft gezeigt, als Suche nach Befreiung aus den Verstrickungen des Lebens, die eben nicht frei machen und aus der Freiheit leben lassen, sondern Leben verhindern.

Die religiöse Dimension, die bei Malewitsch noch in der Verweigerung der Abbildung explizit wird, eignet darum jedem Kunstwerk auch dann, wenn es sich selbst keineswegs als religiös versteht.[21] Indem sie das Vorfindliche durch ihre eigene Gestalt relativieren, lassen alle Kunstwerke dann auch mehr oder weniger explizit religiöse Wahrnehmungen zu, die nun aber wiederum nicht in eine religiöse Sprache übersetzt werden müssen, sondern Entdeckungen der Transzendenz im Gegenwärtigen sind, die dann auch ganz ‚pro-

---

18 Malewitschs spätere Arbeiten, die erneut figurativ werden, bleiben hier außer Betracht. Für diese Arbeiten muß wohl die ästhetische und politische Situation des frühen Stalinismus berücksichtigt werden. Sie enthalten aber dennoch in ihrer Apotheose des Einfachen die Erinnerung an die Dimension des Ikonischen.

19 A. a. O., S. 12.

20 Vgl. dazu F. Fischer, Zur Symbolik des Geistigen in der modernen Kunst, in: Kunst und Kirche 48 (1985) S. 98–104.

21 Vgl. dazu W. Schoberth, Bilder des Unsichtbaren. Zum Verhältnis von Theologie und ästhetischer Moderne; in: Artheon. Mitteilungen der Gesellschaft für Gegenwartskunst und Kirche, Nummer 4, März 1997, S. 1–7.

fan' artikuliert werden können. Diese Dimension formuliert Kurt Marti: „Ikonenmaler beten, bevor sie zu malen beginnen. Wogegen andere zu malen anfangen, weil sie nicht anders beten können als malend. Und nochmals andere malen, ohne an beten zu denken. Bilder, die nachher sind wie Gebete."[22] Fortzuführen ist dieser Gedanke dahin, daß auch solche Kunstwerke, die nicht als Ikonen intendiert sind, jene Öffnung für das Transzendente evozieren.[23]

2. Ästhetische Erfahrung im Religionsunterricht

Darum hat die Religionspädagogik in den letzten Jahren mit Recht die Bedeutung des Arbeitens am Bild herausgestellt.[24] Das Verweilen an einem Bild läßt Schüler zur Ruhe kommen; auch wenn solches zur Ruhe kommen und Schauen lernen von Bildern lange Wege der Einübung braucht, so sind das Lernwege des Religionsunterrichts, die zu neuer und lebensdienlicher Wahrnehmung anleiten und helfen. Die Kunst spielt mit ihrem Anliegen des Erspürens und Entdeckens der Wirklichkeit eine wesentliche Rolle. Indem sie den Betrachter braucht und mit in die Interpretation des Werkes einbezieht, geschieht in der Wahrnehmung des Kunstwerkes mehr als bloßes Betrachten: „Hier ging und geht es um die Übung der *aisthesis* der Kinder und jungen Menschen an

---

22 K. Marti, Maler, in: J. Rönneper (Hg.), Mit Pinsel und Palette. Geschichten und Gedichte über Maler, Frankfurt/M./Leipzig 1996, S. 132.
23 Vgl. dazu H. J. Schneider: Die Leibhaftigkeit ästhetischer Erfahrung. Ein Hinweis auf John Dewey und Francis Bacon; in: F. Koppe (Hg.), Perspektiven der Kunstphilosophie. Texte und Diskussionen, Frankfurt/M. 1991, S. 104–108, hier S. 108: „Das Gelingen der künstlerischen Handlung, das, wie Bacon sagt, ‚Sich-Ereignen' des Gemäldes, kann also, unabhängig von allen Inhalten oder gar ihnen zum Trotz, genommen werden als Artikulation des Bedürfnisses nach einem entsprechend sich ereignenden Leben."
24 Dazu gibt es inzwischen hilfreiche Literatur, die anleitet zur Arbeit mit Schülern an Kunstwerken: Für die Primarstufe vgl. dazu bes. Unterrichtsideen. Ich möchte wissen, was dahinter ist ... Moderne Kunst im Religionsunterricht. Grundsätzliches. Unterrichtsversuche. Erfahrungsberichte, Leipzig/Stuttgart/Düsseldorf 1998.

Gegenständen, die die Lust, den Ernst und das Wagnis des Sehens und Hörens, des Erprobens, des Simulierens, des spielerischen Verwandelns und alles in allem des kontrollierten Hervorbringens von Wirkungen zu wecken vermögen."[25]

Kunstwerke sind darum offen, weil sie den Betrachter mitnehmen wollen auf einen neuen Weg; sie eröffnen neue Blicke auf die Welt und das je eigene Leben. Insofern greifen sie immer kritisch auf die Erfahrungen der Gegenwart zu und lassen den Betrachter neu an dieser Gegenwart teilnehmen. Diese innere Vielfalt der Kunstwerke würde beschränkt und verschlossen, wenn man Kunstwerke entziffern wollte in der Entschlüsselung der Intentionen des Künstlers. Die irreführende Frage nach der richtigen oder falschen Rezeption verspielt eben die Transzendenz des Kunstwerks. Als offene Kunstwerke lassen sie teilnehmen an der Suche nach einem Leben, das nicht in der Verdinglichung oder im Machbaren aufgeht, sondern offen ist für Erneuerung und Befreiung. Insofern macht es das Kunstwerk den Schülern vor, sich an dieser Welt zu beteiligen und nicht nur in der Reproduktion zu verbleiben. In diesem lebendigen Teilnehmen an der Welt beginnen sie mit Hilfe der Ideen und Entdeckungen eines Künstlers Möglichkeiten durchzuspielen, entdecken Ungeahntes und werden angeregt zu lernen, Schritte in Neues zu wagen. An der künstlerischen Arbeit läßt sich zugleich erfahren, daß diese Schritte ins Neue eben keine Beliebigkeit ertragen – unkontrollierte ,Kreativität' führt in die Reproduktion des Geläufigen (vom Volkshochschulkurs für kreative Handarbeiten bis zur Kreativabteilung im Marketing) -, sondern der genuinen ästhetischen Anstrengung bedürfen.

Die Erfahrung dieser ästhetischen Anstrengung ist für viele überraschend. In der Arbeit mit Studenten ließ sich diese Überraschung in einer gemeinsamen Übung erleben, daß über Geschmack durchaus sinnvoll zu streiten ist. Jede Zweiergruppe erhielt ein weißes größeres Quadrat als Grundfläche sowie ein

---

25 H.v. Hentig, Kreativität, S. 43.

schwarzes Dreieck, eine schwarze Linie und einen schwarzen Kreis aus Papier. Der Arbeitsauftrag war, die Elemente zu einer stimmigen Einheit zu komponieren, wobei die Partner sich auf ‚ihre' gemeinsame Komposition einigen mußten. Nach einiger Zeit des Ausprobierens, des Hin- und Herschiebens der einzelnen Teile kam es auch jeweils zu stimmigen Lösungen, wobei intuitiv Einigung darüber erzielt wurde, daß bestimmte Lösungen ‚gehen' und andere nicht. Im anschließenden Gespräch ging es dann zunächst nicht um die fertigen Bilder, sondern um den Weg, der zur Entstehung des Bildes führte. Wichtig war dabei besonders die Überlegung, daß es ein begrifflich nicht bestimmbares Richtig und Falsch gab. Die Studenten hatten sich bei der Komposition des Bildes für eine gewisse Zeit ihrer Phantasie anvertraut; Ungeahntes und Neues war entstanden.

In der Begegnung mit Kunstwerken kann es darum gelingen, sich der Bewegung der eigenen Gedanken und der eigenen Entdeckungen im Spiel mit den Formen, Farben oder auch raumhaften Eindrücken anzuvertrauen, um so sich selbst in seiner schöpferischen Kraft zu erleben. Das Kunstwerk wird so nicht zum bloßen Gegenüber, das interpretiert werden soll, sondern gleichsam zum Gesprächspartner, mit dem und an dem die Erfahrung möglich wird, daß eine Kraft entbunden wird, „die Menschen in ihrem Herzen trifft und zum Handeln bewegt."[26] Insofern zielen die Kunstwerke nicht nur auf eine rationale Durchdringung der Wirklichkeit, sondern auf ein genuines Erfahren des Lebens, auf eine ästhetische Erfahrung, die zu Herzen geht.[27] Es ist gleichsam ein leibhaftiges Erfahren an den Kunstwerken, das in solcher offenen Wahrnehmung möglich wird. ‚Im Herzen treffen' ergreift den Betrachter in seinem leiblichen Dasein und ist darum immer mehr als nur eine schlichte Feststellung, daß das Kunstwerk einem gut gefalle. Kunstwerke evozieren so auch Erfahrungen leiblichen Beteiligtseins und hinterlassen Spuren. Da kann dann die Erinnerung an ein Bild leibhaftige Freude entbinden oder aber auch Schmerz.

Eine solche Erfahrung provozieren die Bilder und Skulpturen von Barnett Newman, in denen die massive Leibhaftigkeit ästhetischer Erfahrung und der Verweis auf Transzendenz ausdrücklich verbunden sind. Seine Plastik „ZimZum"[28] – „ZimZum" ist ein zentraler Terminus kabbalistischer Schöpfungsmystik – bildet eine Art Schleuse, deren Wände aus je sechs ca. 3,60 Meter hohen und je 2 Tonnen schweren Stahlplatten zusammengefügt sind, die zu beiden Seiten des Durchgangs im Zickzack angeordnet sind. Es ist die letzte Arbeit Newmans, sein „skulpturales Vermächtnis"[29]. In seinen letzten Jahren legte Newman beson-

---

26 A. Stock, Religionspädagogischer Bildergebrauch, in: ders., Keine Kunst. Aspekte der Bildtheologie, Paderborn u.a. 1996, S. 136–142, hier S. 136.

27 Vgl. S. Berg, Biblische Bilder und Symbole erfahren. Ein Material- und Arbeitsbuch, München 1996.

28 B. Newmann, Bilder, Skulpturen, Graphik, hg. von Arnim Zweite, Düsseldorf 1997, S. 321.

29 A. a. O., S. 326.

deres Gewicht auf die „Evokation und Artikulation physischer Erfahrungen ...", die erst im Vollzug auch zu psychischen und mentalen Erfahrungen werden und schließlich zum ästhetischen Ereignis."[30] Im Durchgehen durch diese Schleuse bleibt der Besucher des Kunstwerkes nicht mehr Betrachter von außen, sondern wird vielmehr zum leibhaftigen Teilhaber am Kunstwerk im Durchlaufen dieses vorgegebenen Raumes;[31] die ästhetische Erfahrung ist hier nicht jenseits des Werks, sondern Teil des Werkes selbst, das ohne den Rezipienten unvollständig wäre.[32]

2.1. SpurenLesen

Angesichts des Verlustes leibhaftiger Erfahrung[33] muß es zur eigenen Aufgabe des Religionsunterrichts werden, ästhetische Erfahrungen zu eröffnen und einzuüben, die es den Schülern ermöglichen, ihrer eigenen Phantasie innezuwerden und zu entdecken, was über das Eingefahrene hinausgeht. An zwei neueren Religionsbüchern, die dezidiert ästhetisch konzipiert sind, lassen sich Wege erkennen, wie in je eigener Weise Schüler zu elementaren ästhetischen Erfahrungen angeleitet werden können.

Gerhard Büttner, Veit-Jakobus Dieterich, Hans-Jürgen Herrmann und Eckhart Marggraf stellen ihre Religionsbücher für die 5–10. Klasse unter den Titel „SpurenLesen"[34].

---

30 A. a. O., S. 326.
31 Vgl. dazu F. E. Walther, Ort für Körper, in: K. Selle (Hg.) Experiment ästhetische Bildung. Aktuelle Beispiele für Handeln und Verstehen, Reinbek bei Hamburg 1990, S. 142–146.
32 Solche leibhaftige ästhetische Erfahrung ist das genaue Gegenbild zur passiven Rezeptionshaltung, wie sie medial dominiert: Den ständig wechselnden Bildern des Fernsehens entspricht die Negation des eigenen Leibes, indem der Körper nicht mehr zu spüren ist; demgegenüber geschieht bei Newman die Wahrnehmung leibhaftigen Lebens.
33 Der gängige Fitness- und Körperkult ist letztlich ebenso gerade Ausdruck dieses Verlusts wie der Selbstverlust in Abraven.
34 G. Büttner u. a. (Hg.), SpurenLesen. Religionsbuch 5./6. Klasse, Stuttgart u. a. 1996.

Gegen den verlegerischen Trend, möglichst viele Bilder auf einer Seite unterzubringen,[35] wird hier das Gewicht des einzelnen Bildes gewahrt, indem meist nur ein großformatiges Bild die Wahrnehmung evoziert. Die zweite Hälfte einer Doppelseite ist zumeist durch verschiedenartige Texte bestimmt: Erzählungen, Gedichte, Zeitungsausschnitte, Bibeltexte, Schülertexte und Lieder. Neben illustrativen und informativen Bildern (etwa der Rekonstruktion eines Wohnhauses in Kafarnaum aus der Zeit Jesu) stehen vor allem Kunstwerke verschiedener Epochen und Kulturen, wobei die Zahl der Werke, die keine ausdrücklich religiöse Thematik haben, eher höher ist. Das Gewicht liegt auf der zeitgenössischen Kunst; die Auswahl der Werke zeichnet sich durch einen sehr offenen Bezug zum jeweiligen Thema aus. Die Bilder werden so nicht dem Text untergeordnet und durch die didaktische Absicht vereinnahmt; vielmehr eröffnen sie neue Zusammenhänge und geben dem Raum, was in der Wahrnehmung der Schüler über das Intendierte hinaus geht. Darin entspricht die Gestaltung der Konzeption: „Geschichten aus dem eigenen Leben treten in Verbindung mit Erzählungen aus der Bibel und der Literatur. Es ist ein Zuhören, Sprechen und Gehörtwerden, ein Wahrnehmen und Sehen. Damit das Schülerbuch dazu einladen kann, haben wir versucht mit Bildern und Geschichten in einem ruhigen und ansprechenden Layout Verweilpunkte zu setzen."[36] Die didaktischen Überlegungen zu den Bildern im Werkbuch sind ergebnisoffen: Im Gespräch zu den Bildern soll es nicht um „harte Antworten"[37] gehen, sondern um die Eröffnung eines Feldes, „wo unscharfe Antworten nicht nur erlaubt, sondern vielleicht sogar gefordert sind: bei poetischen und anderen literarischen Texten, zuallererst aber bei Bildern."[38] Solcher Umgang mit Bildern im Religionsunterricht trägt der Ein-

---

35 Die Zahl der Bilder entwertet jedes einzelne: So wird im Buch die ästhetisch fatale Beschleunigung der Bilder aus den elektronischen Medien verdoppelt.
36 SpurenLesen, S. 5.
37 SpurenLesen, Werkbuch, S. 10.
38 Ebd.

sicht Rechnung, daß ästhetische Erfahrung immer auch anfänglich und vorläufig ist und also nicht machbar ist. Die
pädagogische Absicht zielt demnach auf das, was nicht planbar ist, in der Hoffnung, daß die Schüler in der Erfahrung
der Bilder und Texte befähigt werden, unscharf und unfertig
sich am Gespräch zu beteiligen, statt nach fertigen und abprüfbaren Antworten zu suchen, die die Phantasie lähmen.[39]

2.2. *Und der König stieg herab von seinem Thron*

Dietrich Zilleßen und Uwe Gerber legen mit „Und der König
stieg herab von seinem Thron"[40] den Pilotband zu ihrem
Konzept ‚Religion elementar' vor, dessen Schülerbände ab
2000 erscheinen sollen. Der vorliegende Band enthält zwar
Beispiele, wie einzelne Themen in den Schülerbänden bearbeitet werden sollen, ist in der gegebenen Form aber eher
eine Materialsammlung (mit Dia-Mappe) sowie die Darstellung der konzeptionellen Überlegungen. Die einzelnen Seiten
rufen elementare Erfahrungen ab und thematisieren sie
durch Kunstwerke oder Photographien, poetische Texte und
vielfältige Assoziationen. ‚Religion elementar' soll zum elementaren Lernen anleiten, indem Erfahrungen zum Thema
gemacht werden, „die jedem Menschen nahe sind; sie betref-

---

39 Freilich ist der thematische Bezug der Bilder durch die Einordnung in
die einzelnen Kapitel unübersehbar; in gewisser Weise wird den Schülern in der Bildauswahl eine Rahmenbedingung gegeben, innerhalb derer das Bild als Kunstwerk zurücktreten kann und die Korrespondenz
des Bildes mit den angeführten Texten stärker in den Vordergrund
rückt. Das Problem wird von den Autoren des Werkbuches ausdrücklich reflektiert; für den Umgang mit den einzelnen Bildern muß das im
Bewußtsein bleiben. Diese Spannung erfordert einen sensiblen Umgang
mit der thematischen Einbindung, damit der Religionsunterricht die
genuine ästhetische Erfahrung nicht verdeckt, sondern gerade die offene
Erfahrung am und mit dem Bild einzuüben vermag. So gehört es m.E.
geradezu zur Konzeption von ‚SpurenLesen', die Bilder auch einmal aus
den gegebenen Zusammenhängen zu lösen und in anderen Kontexten
wahrzunehmen.
40 D. Zilleßen/U. Gerber (Hg.), Und der König stieg herab von seinem
Thron. Das Unterrichtskonzept religion elementar, Frankfurt/M. 1997.

fen den konkreten Menschen, den leibhaftigen Menschen. Sie haften dem Leib an."[41] Dietrich Zilleßen und Uwe Gerber zielen damit auf einen Religionsunterricht ab, der sich an der Lebenswelt und ihren Phänomenen orientiert, in denen sich schließlich auch die Rede von Gott ausdrückt: „Lebensweltliche Erfahrungen schließen immer schon Glauben und Unglauben, Ängste, Hoffnungen, Wünsche, Sehnsüchte, Heilserwartungen ein."[42] So verstanden kommt Glauben nicht sekundär zu der jeweiligen lebensweltlichen Erfahrung hinzu, sondern ist in ihr verwoben und kann inmitten vielfältiger Erfahrung auch konkret werden: „Vertrauen in den Glauben gewinnen heißt vertrauen, daß Glaube beweglich, nämlich lebendig bleibt und sich in immer neuen Gestalten darstellt. Religion ist nicht Ansammlung autorisierter Lehrsätze und normierter Verhaltensregeln, sondern Kompetenz, vertrauensvoll mit dem labilen und fragmentarischen Leben umzugehen."[43]

Lebensweltliche Zusammenhänge werden durch Photographien vergegenwärtigt[44] und durch eine elementare Sprache, die die einzelnen Abschnitte markiert, besonders betont: stehen sitzen liegen; lachen weinen; reden schweigen; essen trinken; sehen hören; geben nehmen. Die elementare Sprache bildet den assoziativen Rahmen für den Religionsunterricht, dem die Bilder zugeordnet sind. Dabei stehen neben den Photographien auch Schülerzeichnungen und Abbildungen von Kunstwerken. Mit den Abbildungen soll lebensweltliche Erfahrung bruchstückhaft, vorläufig und unfertig eröffnet werden; der Betrachter wird dann auch zum Spiel mit elementaren Worten motiviert, indem verbale Assoziationsreihen aufgelistet sind, die dann auch zum Gespräch mit den Bildern führen. Das Schulbuch bietet gleichsam ei-

---

41 A. a. O., S. 10.
42 A. a. O., S. 11.
43 A. a. O., S. 11. Vgl. dazu den Aufsatz von Wolfgang Schoberth in diesem Band.
44 Dabei kann freilich auch ein für Photographien spezifisches Problem entstehen: Anders als Kunstwerke altern Photographien schnell; die abgebildete Lebenswirklichkeit kann so von der eigenen distanzieren statt sie zu thematisieren.

nen Assoziationsraum an für die Wahrnehmung lebenswelt-
licher Erfahrung.

Die ästhetische Gestalt des Buches wird dominiert von
zahlreichen Bildern Albrecht Genins, die durchgängig leit-
motivisch den einzelnen Kapiteln zugeordnet sind. Genin
übermalt vorgefundene Blätter: Seiten eines Meßbuches, eines Weltatlas und anderer Bücher. Die Autoren sehen in diesem künstlerischen Verfahren ihre Intention exemplarisch
verwirklicht: Sie sind keine „unantastbaren Bilder"[45], sondern zeigen selbst einen Umgang mit Tradition (Bibel, Meß-
buch), indem der Künstler die Blätter übermalt und sich damit selbst in die Kommunikation mit der Tradition ein-
bringt. Die Bilder stellen gleichsam das Paradigma dar,
worum es dem Religionsunterricht zu tun ist: „malen, gestalten, Formen ausprobieren, sinnenhaft darstellen, mit Händen hantieren, mit Farben experimentieren, Figuren erfin-
den, Gefühlen und Empfindungen Gestalt geben, Phantasie-
figuren zeichnen, Bewegungsspiele und -rhythmen
aufzeichnen, mit den Sinnen spielen."[46] Hier finden dann
auch die Bibeltexte und Verweise auf biblische Geschichten
ihren Ort. Die Fragmentarität dieses Buches ist bestechend,
gerade weil sie Lehrer und Schüler bisweilen irritiert oder
aber auch überrascht. Dem ästhetischen Konzept entsprechen offene Anleitungsfragen. Indem das Buch leibhaft ansprechen will und auf leibliche Erfahrung ebenso wie auf
nachdenkende und reflektierende Erfahrungen ausgerichtet
ist, greift es ästhetisch auf die Gegenwart und Zukunft der
Schüler aus, indem es versucht „die Aufmerksamkeit von
Auge und Ohr auf einem hohen Niveau zu halten, dabei aber
nicht nur auf eine Perspektive bzw. eine Frequenz zu fokus-
sieren, sondern eher indirekt, beiläufig und ‚verrückt' ganz
bei der Sache zu sein und entsprechend Interventionen zu
probieren."[47]

---

45 A. a. O., S. 9.
46 A. a. O., S. 9 (im Original kursiv).
47 B. Beuscher, Religion in der Schule der Postmoderne. Eine Zeit-Schrift,
   in: U. Gerber (Hg.) Religiosität in der Postmoderne, Frankfurt/M.
   1998, S. 233–247, hier S. 247.

3. Vom schöpferischen Tätigwerden der Schüler

3.1. Der Mut zum eigenen Bild

Die Bedeutung des Ästhetischen im Religionsunterricht kann nicht allein in der rezeptiven Erfahrung von Kunst aufgehen, sondern verweist unabdingbar auf die eigenen schöpferischen Fähigkeiten der Schüler, so wenig sie ihnen selbst bekannt sein mögen. Die Erfahrung zeigt, daß die meisten Schüler zu ihrer eigenen Phantasie wenig Zutrauen haben und sich scheuen, selbst künstlerisch tätig zu werden. Der Religionsunterricht muß auch hier einige Barrieren überwinden, weil bereits in der Grundschule die meisten Schüler gelernt haben, daß nur eine akkurate Wiedergabe ein ‚gutes‘ Bild macht. Wenn die Schüler eingespannt sind in die Vorstellung vom getreuen Abzeichnen, dann ist schon vorprogrammiert, daß viele Schüler am eigenen Bild scheitern. Das verhindert nicht nur die Entfaltung der eigenen Phantasie, sondern führt auch bei den ‚guten‘ Zeichnern dazu, daß sie keineswegs Eigenes zu Papier bringen, sondern allenfalls die Reproduktion des Stereotypen. Welche Form von Kreativität ist es dann, die Schüler kennenlernen sollen? Kunst, die die eigene Expressivität und Phantasie der Schüler mitteilt, oder die ästhetische Anpassung, bei der Schüler eine vorgegebene Wahrnehmung nur wiederholen? In der Wiederholung vorgegebener Bilder reicht die Beurteilung gut – schlecht, gelungen – nicht gelungen aus. Aber was für eine Erfahrung wird hier evoziert? Vergessen bleiben in solcher sterilen und abstrakten Bewertung die vielen und einzigartig individuellen Wege, sich dem Wahrgenommenen, Erspürten und Erahnten in feinen Nuancen anzunähern und dafür einen Ausdruck zu suchen.

Schöpferische Ideen, die sich in einem Bild mitteilen können, werden daraus geboren, daß gerade nicht das Konventionelle wiederholt wird, sondern Neues ausprobiert und im Bild versucht wird. Daß viele Schüler keine Lust mehr entwickeln, Bilder zu malen, resultiert sicher gerade auch aus solchen Forderungen nach getreuer Reproduktion. Der Mut zum eigenen Bild kann nur gelernt werden im ungestörten

Probieren und Versuchen. Dann geht es eben nicht darum, daß Bilder entstehen, die im Klassenzimmer aufgehängt werden können – nach welchen Kriterien bemißt sich das eigentlich? Was im Malen die bloße Nachahmung ist, wird beim Basteln zur Produktion: „Das ist die Belohnung, die unsere Gesellschaft zu vergeben hat. Die kleinen Erzeugnisse lassen sich ... vertreiben. ... statt eigenständig handelnde Auseinandersetzung mit Wirklichkeit, *statt Konstruktion*, erfährt das Kind Einführung in *Produktion*; statt durch die Ergebnisse des Bemühens in einen Dialog mit seiner Umwelt einzutreten, *statt Kommunikation* also, erfährt das Kind *Konsumption.*"[48]

Ästhetische Erfahrung ist das genaue Gegenteil von Produktion und Konsumption; erst im unreglementierten Ausprobieren können Bilder entstehen, die anfängliche Erfahrungen ermöglichen. Diese Erfahrungen am Bild müssen nicht allen zugänglich werden, sondern können vielleicht erst im Gespräch mitteilbar werden. Das Bild wird dann nicht verwertet; vielmehr verwickelt es in ein Gespräch, das auch unfertige und fragmentarische Bilder aushält.

3.2. Die Frage ‚Was soll ich malen‘ und der Mut zum ersten Gedanken

Im Malen eines Bildes ist den Schülern eine Möglichkeit gegeben, aus einem komplexen thematischen Zusammenhang heraus frei zu agieren. Im Bild geschieht allerdings keine einfache Reduktion der Komplexität; vielmehr bringt im Bild der Schüler einen Aspekt zum Tragen, mit dem dann wiederum ein Blick auf das Ganze möglich wird.[49] Dabei

---

48 G. E. Schäfer, Universen des Bastelns – Gebastelte Universen, in: L. Duncker u. a. (Hg.), Kindliche Phantasie und ästhetische Erfahrung. Wirklichkeiten zwischen Ich und Welt, Langenau-Ulm 1990, S. 135–161, hier S. 147.

49 Darum sind Schülerbilder zu biblischen Geschichten oft außerordentlich erhellend: Was erschließt sich jeweils als Zentrum der Geschichte? Was zieht die Aufmerksamkeit auf sich?

bedürfen viele Schüler der Ermutigung, den ersten Gedanken ganz wichtig zu nehmen; aus der Frage ‚Was soll ich denn jetzt malen?‘ spricht die Unsicherheit, der eigenen Wahrnehmung zu vertrauen. Die daraus resultierende Passivität verhindert aber, daß spontane wichtige erste Gedanken ernst genommen werden, und führt dazu, daß die Schüler darauf warten, daß ihnen gesagt wird, was sie malen sollen. Umgekehrt kann die Erfahrung, daß scheinbar unvollständige Gedanken neue Wege erschließen können, dazu befähigen, einen Anfang mit der eigenen Wahrnehmung und dem eigenen Bild zu machen. In solchen elementaren Einfällen können die Schüler sich selbst entdecken und auch Erfahrungen mit ihrer eigenen schöpferischen Kraft machen. Dem korrespondiert zugleich ein Vertrauen in das Ganze der eigenen Wirklichkeit, die eben anfänglich mit jedem Schritt, der gemacht wird, ausgeschritten werden kann und die den Schüler gerade darum nicht überwältigt oder ihm als unbewältigt gegenübertritt.

3.3. Materiale Vorgaben und verschwenderische Phantasie

Daß die ästhetische Arbeit nur unreglementiert sich entfalten kann, heißt aber nun gerade nicht, daß auf gestalterische Vorgaben verzichtet werden könnte. Gerade die Unendlichkeit der Möglichkeiten kann den Anfang unmöglich werden lassen; die Beschränkung der ästhetischen Mittel ist zumeist notwendig, um die Kreativität der Schüler in Gang zu bringen. Solche Vorgaben müssen genau reflektiert werden, um weder beengend noch unbestimmt zu sein; nicht zuletzt die Kürze der Unterrichtsstunden erfordert die Beschränkung der Mittel. Phantasie braucht den Rahmen, der wiederum kritisch bearbeitet werden kann; hier beginnt ein gemeinsames Lernen von Lehrern und Schülern, indem die Schüler sich den Vorgaben des Lehrers anvertrauen und zugleich versuchen, darin frei zu agieren.

Welche materialen Vorgaben möglich sind entscheidet sich auch am Inhalt, an dem der Lehrer mit den Schülern arbeiten möchte; wichtiger aber ist, daß der Lehrer wiederum seiner eigenen Sensibilität vertraut, denn er muß die Vorgaben so wählen, daß sie stimmig sind mit dem, was thematisch in den Blick kommen soll. Diese Stimmigkeit ist nicht etwas, das man besitzt, sondern sie lebt gerade auch von den ästhetischen Erfahrungen, die der Lehrer selbst erfahren hat und auf die er sich immer wieder neu einläßt. Ingo Baldermann stellt für die Arbeit an Psalmen heraus, daß bereits die Wahl des Materials theologische Implikationen hat: „Bei den Psalmen haben wir es mit emotional starken Worten zu tun; so werden wir den spitzen Bleistift und das Lineal als Medium ausschließen."[50] Er hält Wachsmalstifte für angemessener, weil diese der expressiven Bewegung eher entgegenkommen als der feinlinige Bleistift. Der Sprache der Psalmen entspricht wohl eher die freie Bewegung und die Suche nach einer expressiven Form und Gestalt als eine genauer detaillierte Wiedergabe.

Zur ästhetischen Dimension des Religionsunterrichts gehört also auch die eigene ästhetische Schulung des Lehrers. Die Herausforderung durch ein Bild erleben nicht nur Schüler, sondern Lehrer gleichermaßen. Um den Schülern ästhetische Erfahrungen eröffnen zu können, braucht es eine Kompetenz des Lehrers, der sich selbst in den Versuchen übt, schöpferisch wahrzunehmen und zu arbeiten. Hier sind sicher auch viele Schwierigkeiten für den Lehrer selbst gegeben, die nicht zuletzt aus den Zielvorgaben im Religionsunterricht resultieren, die der Sache des Religionsunterrichts nicht immer angemessen sind. Das Dilemma, das hier spürbar wird, wurzelt darin, daß die gegenwärtige Schulorganisation die affektiven und leiblichen Dimensionen des Lebens und Lernens nahezu vollständig ausblendet. Der Pädagoge Horst Rumpf spricht darum von der ,übergangenen Sinnlichkeit' in der Schule und der ,Verödung der Lernkultur'. Diese Rahmenbedingungen behindern ästhetische Erfahrungen an der Schule und auch im Religionsunterricht; der Verlust von Sinnlichkeit und also „Lernqualitäten, die sich den

---

50 I. Baldermann, Einführung in die Biblische Didaktik, Darmstadt 1996, S. 48.

Reinigungs-, den Häufungs-, den Beschleunigungs- und den Zerlegungsbedürfnissen der nur zivilisationskonformen Schule sperren"[51], beschädigt die Phantasie. Gerade darum aber bedarf es der Entfaltung der schlummernden ästhetischen Kompetenzen.

Solche Entfaltung kann aus der unermüdlichen (Selbst-) Konfrontation mit Kunst erwachsen; so war ich über die Fülle der Reaktionen überrascht, als ich den Kollegen an der Schule ein Bild von Antoni Tapies[52] mitbrachte und sie bat, Eindrücke zu diesem sehr elementaren und auf wenige Zeichen reduzierten Bild mitzuteilen. Die schlichte Reduktion auf wesentliche Motive im Bild von Tapies hat manche Kollegen gefreut, andere sicher auch überfordert. Allen war das Bild unbekannt gewesen. Einige setzten sich und begannen ihrer Phantasie Raum zu geben: „Die Hausschuhe erinnern mich an die meines alten Vaters, die er immer unter dem Sofa stehen hatte. Sie strömen Ruhe aus; gerade eine solche Ruhe wie die betenden Hände von Albrecht Dürer." „Mit diesem Bild kann ich nichts anfangen." „Das sieht aus wie ein Mauseloch, aber das sollte nur ein Spaß sein." „Mir gefällt das Bild; es bringt die Dinge so klar auf den Punkt." „Hindurch durch den Tod ins Leben; das erinnert mich an die Aussage von Paulus, der ‚Christus als den Erstling der Entschlafenen' bezeichnet." In dieser Vielfalt der Antworten zeigt sich, daß auch bei denen, die sich selbst als ganz und gar unkünstlerisch beschreiben würden, ästhetisch mit der Phantasie begonnen werden kann.

51 H. Rumpf, Die Richtung der Aufmerksamkeit – eine grobe Skizze, in: ders., Die übergangene Sinnlichkeit. Drei Kapitel über die Schule, Weinheim/München (3. Auflage) 1994, S. 10.
52 A. Tápies, Fons-Forma, aus: Unterrichtsideen. Ich möchte wissen, was dahinter ist ... Moderne Kunst im Religionsunterricht. Grundsätzliches. Unterrichtsversuche. Erfahrungsberichte, Leipzig/Stuttgart/Düsseldorf 1998, S. 49.

3.4. Lust am Malen

Wenn Kinder zu malen beginnen können und sich an einem Bild versuchen, dann entsteht nicht nur ein Bild, sondern in diesen Bildern artikulieren sie sich selbst und ihre Wahrnehmung der Welt. Manchmal nur in Spuren erkennbar geben die Bilder der Schüler doch etwas zu erkennen, was Lehrer und Schüler möglicherweise in einem gemeinsamen Gespräch zur Sprache bringen können. Solche Arbeit am Bild benötigt eine hohe Sensibilität des Lehrers. Er wird sich fragen müssen, worauf er den Schüler ansprechen kann; seine eigenen Einfälle und instinktiven Reaktionen zum Bild können hier leitend sein, wobei kritisch zu überlegen ist, ob seine Beobachtungen am Bild für den Schüler hilfreich sein können.[53] Wesentlich aber scheint mir für die Arbeit an den Bildern, daß das Gespräch von Lehrer und Schüler eingebettet ist in eine Geschichte, die Lehrer und Schüler miteinander haben. Geradezu gefährlich können vorschnelle und schematische Interpretationen sein, wie etwa eine Deutung, die von Farben auf Seelenzustände schließen will. Ein Schüler, der bevorzugt dunkle Bilder malt, muß nicht depressiv sein. Sicher lassen sich solche Vermutungen vorsichtig thematisieren, allerdings muß das tastend erfolgen mit der Bereitschaft zur Selbstkorrektur. Manchmal ist es eben nur eine Laune der Kinder, die sie gerade diese Farbe wählen läßt, weil sie vielleicht besonders schön oder aber auch besonders häßlich scheint, dann aber eben nicht auf das schließen läßt, was das Kind bewegt. Statt eines stereotypen Auslegens der Bilder wird die therapeutische Kraft der Bilder gerade darin zum Zuge kommen, wenn Schüler ermutigt werden, *ihre* Bilder zu malen; damit wird ihnen gerade nicht eine fertig vorstrukturierte Wirklichkeit zugemutet, sondern sie beginnen selbst, ihr Leben und ihre Welt mit ihren Möglichkeiten im Bild auszuschreiten. Das kann dann in unterschiedlicher Weise

---

53 In diesem Zusammenhang ist von der Praxis des focusing, wie sie von Eugene Gendlin entwickelt wurde, religionspädagogisch viel zu lernen; vgl. E. Gendlin, Focusing. Selbsthilfe bei der Lösung persönlicher Probleme, Reinbek bei Hamburg 1998.

im Religionsunterricht geschehen: einmal durch Themen im Religionsunterricht, die so ausgewählt sind, daß an ihnen und mit ihnen *direkt* das Leben der Schüler selbst thematisiert werden kann, oder aber auch durch *indirekte* Bezüge, indem die Wirklichkeit der Schüler im Lichte eines biblischen Textes zur Sprache kommt. Wesentlicher als ein fertiges Bild ist es im Religionsunterricht darum, daß die Schüler überhaupt mit dem Malen anfangen und Lust am Malen entwickeln; die ästhetische Erfahrung kann zum Ernstnehmen ihrer eigenen Gedanken und Gefühle anleiten. Malen wird so zu einem Medium der Auseinandersetzung auch mit mir selbst.

Mit Bildern kommt die eigene Lebensgeschichte der Schüler ins Spiel. Manchmal ist es längst Vergessenes, was in Erinnerung gerufen wird, manchmal sind die Schüler selbst erstaunt über Neues und auch Fremdes, das sie in ihren Bildern entdecken. Um zu solchen Entdeckungen zu gelangen braucht es die Eröffnung möglicher ästhetischer Erfahrung, „dieses Spiel von Aufmerksamkeiten, in dem eine Wahrnehmung sich nicht umstandslos in einer anderen, kontrollierenden aufhebt, um offen zu sein für Überraschendes, Beiseitegelegtes, Unaufdringliches bis hin zum Verborgenen …"[54]. Dabei wird immer auch wieder Fremdes ins Spiel kommen wie auch Bekanntes sich noch einmal neu zeigen; manchmal bleibt die Erfahrung am Bild aus und die wenigen Striche und Farben sind einfach gemalt. In solcher Offenheit wird es im Malen und Gestalten im Religionsunterricht gehen müssen, um der Entdeckungen willen, die gerade in solchem nicht-intentionalen Arbeiten Phantasie für das eigenen Leben eröffnet.

54 L. Duncker/F. Maurer/G.E. Schäfer, Hundert Sprachen des Kindes. Zur pädagogischen Fragestellung dieses Bandes, in: Kindliche Phantasie und ästhetische Erfahrung, S. 9–15, S. 15.

4. Bilder von Schülern

4.1. Nachsprechen der Auferstehung – Die Türe im Kreuz

Schüler der 5. Klasse Orientierungsstufe sollten ihren Heft-
umschlag aus Papier selbst gestalten und nach Ideen suchen,
die sie mit dem Religionsunterricht in Verbindung brachten,
Motive und Erinnerungen aufgreifen, die ihnen aus ihren
Erfahrungen im Religionsunterricht wichtig geworden waren. Ein Schüler malte ein großes Holzkreuz, das die ganze
Rückseite des Heftes einnahm. Das Kreuz war mit tiefen
dunkelbraunen Balken gezeichnet; ganz unten am Kreuz
zeichnete der Schüler in den dicken Balken eine geschlossene
Türe hinein. Eine Türe im Kreuz. Davor steht ein Mensch,
in blauen Kleidern, mit gelbem Gesicht und frohen Gesichts-
zügen.

Auf die Frage an den Schüler, welche Idee er bei diesem Bild gehabt habe, sagte er ganz spontan und etwas irritiert über meine Frage: „Das ist doch klar. Da, vor dem Kreuz, steht doch der Jesus. Er ist doch auferstanden, und deswegen ist die Tür da; durch die ist er durchgekommen. Jesus steht jetzt vor der Türe und ist auferstanden." Jesus kommt wie einer, der sein Haus verlassen hatte, zurück; selbstverständlich wie ein Mensch gekleidet; dieser Mensch ist nicht tot, sondern er lebt. Die Tür, durch die er gekommen ist, ist schon wieder geschlossen, was geschehen ist liegt hinter ihm und reicht nur mit wenigen Strichen noch in sein Leben. Das Kreuz auf dem Bild fast übergroß, aber Jesus im Vordergrund, vor dem Kreuz: Der Tod, die Trauer bleiben zurück. Der Schüler hat für sich eine Weise gefunden, das Bekenntnis der Christen im Bild festzuhalten, das ihm wohl immer wieder im Religionsunterricht begegnet war: die schlichte Tatsache „auferstanden von den Toten". Dem Vertrauen auf die Botschaft von der Auferstehung entspricht die ganz direkte Darstellung, die für das Unvorstellbare des Geschehens das ebenso überraschende wie überzeugende Bild der Tür im Kreuz findet.

4.2. Sehnsucht nach Wärme und Orientierung – Von guten Mächten wunderbar geborgen

Eine 10. Klasse Gymnasium wurde aufgefordert, die Gedanken Dietrich Bonhoeffers im Bild festzuhalten, die ihn dazu veranlaßt haben, in einem Lied von ‚guten Mächten' zu sprechen, die bergend Menschen umgeben. Das Lied kennen die Schüler gut, singen es gerne, aber die Auseinandersetzung mit dem Lied warf viele Fragen auf. Besonders die Frage nach den guten Mächten und ihrer Existenz bewegte die Schüler. So kam es zu dem Versuch, sich den Mächten anzunähern, die in diesem Lied besungen werden. Bei einem Schüler werden sie zu ‚Kräften aus Gott'. Den meisten Schülern fallen Engel ein. Ein Schüler zeichnet einen Engel, der allerdings nur noch wenige bekannte Züge trägt; er hat auch kein Gesicht, sondern das Gesicht ist eine große Öffnung.

Einige malen, weil ihnen nichts weiter einfällt, Engel, die an Weihnachtsengel erinnern. Viele Bilder bleiben stereotyp und geben gängige Engelbilder wieder mit Flügeln und zartem Gesicht, manche mit einem Heiligenschein. Aber auch ganz anderes entsteht: ‚Bei mir sitzt der Engel immer hier, rechts auf meiner Schulter.' Die Schülerin hatte sich selbst gemalt und auf ihre Schulter einen Engel gezeichnet. Ist der Engel so etwas wie ein Ratgeber, wie der Rabe bei einer Hexe aus einem Märchen? Vielleicht auch einer, der hilft sich zu orientieren und manches besser weiß als ich selbst? Andere nehmen nicht das Bild der Engel auf, sondern die Vorstellung von Mächten: ‚Etwas, das mich umgibt, zwischen Himmel und Erde', so ein Schüler; ein anderer Schüler zeichnet einen doppelten Kreis; in der Mitte steht er selbst, umgeben von den starken kreisförmigen Kräften um ihn herum; mir fällt der Mutterleib ein; eine Erfahrung von Wärme und Geborgenheit, die der Schüler noch in sich spürt, oder vermißt? Ein anderer Schüler zeichnet eine blutige Hand, die über dem Erdkreis beschützend gehalten ist; Gottes Hand, die blutet, so die Interpretation des Schülers; unweigerlich denke ich an das Kreuz Jesu Christi. Ein Schüler weigert sich ein Bild zu malen und begründet seinen Entschluß indem er sagt: „Ich kann selber auf mich aufpassen, ich brauche keine Engel!" Gibt es für diese Verweigerung kein Bild? Wenn aber kein Bild möglich ist: Kann dann die Forderung, auf sich selbst aufzupassen, anderes sein als Überforderung?

4.3. Gefühlschaos und Versöhnung? – Farbfelder und die Arbeit an Konflikten

In einer 8. Klasse Realschule wurde am Thema ‚Mit Konflikten leben' gearbeitet. Eine erste Stunde im Stuhlkreis führte zum Thema hin, indem Konflikterfahrungen ausgetauscht wurden; die verschiedenen Konfliktfelder sollten dabei entdeckt werden. Zumeist standen die Konflikte mit den Eltern im Vordergrund, weniger die Konflikte mit Lehrern oder Freunden. Diese Gewichtung der Konfliktfelder war gerade darum sehr auffallend, weil einige schulische Konflikte von

Schülern aus dieser Klasse sehr aktuell waren. In der darauffolgenden Stunde sollte die Struktur der Konflikte bearbeitet werden. Dazu teilten die Schüler ein DIN-A4-Blatt in drei rechteckige Felder ein. Anschließend sollten sie Farben für die Felder auswählen. Das erste Feld sollte mit der Farbe bemalt werden, die zu ihrem Gefühl stimmte, wenn ein Konflikt beginnt. Das zweite Feld sollte mit der Farbe bemalt werden, die die Stimmung kennzeichnet, wenn der Konflikt brodelt. Auf dem dritten Feld sollten dann die Farbe bestimmend werden, die das Gefühl der Schüler bei der Lösung des Konflikts wiedergibt.

Anschließend wurde darüber gesprochen, welche Farben die Schüler gewählt hatten und welche Gründe wohl für diese oder eine andere Farbe sprachen. Während dieser Besprechung wurden immer wieder konkrete Konflikte thematisch, die die Schüler anführten für ihre Erklärung der Farben. Diese einfache Weise, Konflikte nicht direkt zu behandeln, sondern durch Farben zur Anschauung zu bringen, half den Schülern, ihre eigenen Konflikte dann auch explizit zur Sprache zu bringen. Das Gespräch wurde dann besonders schwierig, wo es darum ging zu reflektieren, welche Farbe die angemessene Farbe für die Lösung von Konflikten darstellen könnte. Darin sprach sich die ganze Schwierigkeit bei der Lösung von Konflikten aus. Die Farbfelder motivierten die Schüler dazu, Konflikte zu erinnern und ihre Gefühle bei der Farbwahl zu erspüren. Fast alle Schüler benutzten die Farbe rot für den brodelnden Konflikt – was wohl konventionell ist; am wenigsten Einigkeit war über die Farbe für die Lösung der Konflikte im dritten Feld zu erzielen. Dieses Zwiegespräch von Farben und Gefühlen ermöglichte es, mit den Schülern ins Gespräch zu kommen, ermöglichte es zu sehen, wie Konflikte durchlebt werden und wie schwierig es ist, gute Lösungen zu finden.

4.4. Verheißung und das eigene Leben? – Farbe, Stift und Bibeltext

Bei der Vorbereitung auf Weihnachten stand der Bibeltext aus Jesaja 9, 1–6 im Zentrum. Der Satz: „Das Volk, das im Finstern wandelt, sieht ein großes Licht" leitete die didaktischen Überlegungen. Den Schülern der 8. Klasse sollte die Möglichkeit gegeben werden, sich in die Auseinandersetzung mit diesem Bibelvers zu begeben, die Wege mitzugehen in der Erfahrung des menschenfreundlichen Gottes, der sein Volk nicht allein läßt, sondern mit diesem Volk mitgeht und mit ihm seine Geschichte weitergeht. Dieses Teilhaben am Weg des Volkes Gottes diente als Vorbereitung auf Weihnachten, das für viele Schüler nur noch wenig religiöse Bedeutung hat. Es sollte nicht um Krippe und Stall gehen, die den Schülern ohnehin viel zu vertraut sind und sie nur noch wenig veranlaßt, über die Bedeutung des Weihnachtsfestes nachzudenken. Das Licht, das die dunkle Nacht hell macht, gab die Idee vor für das ästhetische Wahrnehmen des Bibeltextes mit einem gelben Blatt und Stift.

Die Schüler wurde aufgefordert, sich bequem hinzusetzen und so zu sitzen, daß sie gut zuhören konnten. Nach dem Vorlesen des Bibeltextes sollten sie den Textabschnitt, der ihnen in Erinnerung geblieben ist, zuerst aufschreiben und dann mit Stift auf dem Blatt interpretieren. Die Schüler wurden ermutigt, genau darauf zu achten, was ihnen unmittelbar nach dem Hören im Gedächtnis geblieben war. Die Reduktion des Materials auf das gelbe Blatt und den Stift erwies sich als hilfreiche Konzentration. So waren jetzt nicht die Gedanken über die Farbe wichtig, sondern das Hören auf den Bibeltext. In den Bildern, die entstanden, kamen ganz verschiedene Motive aus der Jesajaverheißung ins Spiel. Die Mehrzahl thematisierte den Vers aus Jesaja 9,1 (sicher durch die Materialwahl nahegelegt), aber auch andere Motive aus dem Bibeltext wurden aufgegriffen; manche mischten, was sie gehört hatten. Das Bild eines Schülers bezog sich auf Jes 9, 3.4: „Denn du hast ihr drückendes Joch, die Jochstange auf ihrer Schulter und den Stecken ihres Treibers zerbrochen wie am Tage Midians. Denn jeder Stiefel,

der mit Gedröhn dahergeht, und jeder Mantel, durch Blut geschleift, wird verbrannt und vom Feuer verzehrt." In den Bildern der Schüler mischen sich die Hoffnung Israels und die Hoffnung der Schüler. Sie nehmen im Malen teil an der Hoffnung, die Weihnachten mitteilt: „Denn uns ist ein Kind geboren, ein Sohn ist uns gegeben, und die Herrschaft ruht auf seiner Schulter; und er heißt ... Friedefürst." (Jes 9,5).

Im Gespräch führten die Bilder zu der Friedenssehnsucht, die die Schüler bewegte. Eine Friedenssehnsucht, die mit Weihnachten in unmittelbarem Zusammenhang steht: das gemeinsame Leben an der Schule und die Verheißung der Geburt Jesu. Die methodischen Vorgaben, gelbes Blatt und Bleistift, waren die einzigen Vorgaben, die die Schüler berücksichtigen sollten; im Spiel von Text und Bild fanden sie zu ihrem Ausdruck der Weihnachtsverheißung ‚das Volk, so im Finstern wandelt, sieht ein großes Licht'. Die Verbindung von eschatologischer Verheißung und Veränderung im eigenen Leben wird im Bild unmittelbar erfahrbar.

5. Ästhetische Erfahrung und die neue Sicht
auf das Leben

Ästhetische Erfahrungen im Religionsunterricht führen zu einem gemeinsamen Lernen zwischen Lehrer und Schüler am Bild. Dieses gemeinsame Lernen läßt sich als ästhetischer Diskurs bezeichnen, als ein Modus gemeinsamer Betrachtung und Wahrnehmungen am Bild, wobei es nicht um richtig oder falsch gehen kann, sondern um Beobachtungen und Entdeckungen. Der Schüler ist der Autor des Bildes und er hat den Vorrang bei der Frage, was gilt und nicht gilt; freilich hat dann hier auch die Wahrnehmung des Lehrers ihren Platz, aber eher als fragende denn als interpretierende Begegnung mit dem Bild eines Schülers. Lehrer und Schüler können sich am Bild in einen Diskurs begeben, wobei es aber nicht darum geht, wer nun die bessere Interpretation vorlegen kann, sondern darum, wie beide sich mit ihren Wahrnehmungen am Bild zu verständigen suchen. Ein solcher Diskurs wird ein Hin- und Hergehen sein zwischen Beobachtungen und Entdeckungen oder er wird auch Raum geben zu gegenseitiger Kritik. Aus diesem Diskurs kann auch mehr entstehen als nur ein Dialog über das Bild, wenn er beide, Schüler und Lehrer in eine Begegnung zieht, bei der beide lernen. Im Religionsunterricht braucht es diese Zeit für die ästhetische Arbeit am Bild, die sich gerade dadurch auszeichnet, daß jeder Schüler sich und seine Empfindungen in seinem Bild ins Spiel bringen kann und nicht nur passiv Bilder reproduziert.

5.1. Die Sehnsucht nach Leben und die
Sprachlosigkeit der Schüler

Die ästhetische Erfahrung im Religionsunterricht arbeitet einer Wahrnehmung der Wirklichkeit zu, die eben nicht in dem aufgeht, was sich rational feststellen und begründen läßt. Indem die Schüler fähig werden, ihre Stimmungen, ihre Gefühle, ihre Konflikte genauer in den Blick zu nehmen, wachsen ihnen neue Möglichkeiten des Selbstverhältnisses und des Wahrnehmens der anderen zu. Die ästhetische Erfahrung eröffnet Wege der Korrektur, der Umkehr oder läßt neu die eigene Sehnsucht nach Frieden, Geborgenheit und Gerechtigkeit sichtbar werden. Viele Schüler sind kaum fähig, ihre Gefühle, ihre Hoffnungen oder Sehnsüchte mitzuteilen; solange diese aber sprachlos bleiben, sind sie nicht nur gefährdet durch Überformung und Entfremdung, sondern den Jugendlichen selbst kaum wahrnehmbar. In der ästhetischen Konzentration können Entdeckungen zugelassen werden, die sie brauchen, um wieder klarer sehen zu können, um ein wenig genauer zu wissen, was sie wollen, um wieder zu sehen, wohin sie in ihrem Leben unterwegs sind, oder um wieder fähig zu werden, die eigene Hilfsbedürftigkeit anzunehmen. Ästhetische Erfahrung im Religionsunterricht kann so zur eigenen Ordnung verhelfen in den diffusen Gefühlen, die die Schüler durchleben. Mit Bildern kann Schülern die Sprache zuwachsen, die es ihnen ermöglicht, das zu artikulieren, was sie nur ungenau spüren. Im Bild nähern sie sich an an ihre Lebenswelt; im Bild liegt auch die Möglichkeit über das Vertraute hinauszugehen. Dies wird freilich immer versuchsweise, andeutungsweise und vorläufig geschehen, aber es bringt die Schüler auf den Weg und läßt sie nicht mit ihren Gefühlen und Hoffnungen, Sehnsüchten und Wünschen allein. In der ästhetischen Erfahrung schwingt darum das Moment der Erneuerung und Hoffnung von Leben mit, das ungelebtes Leben in Frage stellt und Neues sichtbar werden läßt.[55]

---

55 Vgl. dazu H. Fischer, In gebrochenem Deutsch ... Sprachtheologie und Gestaltästhetik bei Karl Kraus, Frankfurt/M. u. a. 1998. Fischer zeigt an den Schriften von Karl Kraus, daß der Sprache als Verständigungsmoment (Eindeutigkeit) immer auch eine Rätselhaftigkeit (Vieldeutigkeit) zukommt. Das läßt sich im Blick auf die ästhetischen Erfahrungen ebenfalls festhalten, denn sie beschwören nicht einen status quo von Leben, sondern schreiten die Wirklichkeit aus in der Hoffnung auf Erneuerung ungelebten Lebens. Solche Erneuerung gilt es zu entdecken; sie zeigt sich nicht eindeutig.

5.2. Annäherung an das Leben:
Dinge machen, von denen wir nicht wissen, was sie sind

Ein Religionsunterricht, der nach ästhetischer Erfahrung sucht, erschöpft sich nicht darin, daß er nur an Bildern arbeitet. Freilich wird hier oft am dichtesten und ausdrücklichsten ästhetische Erfahrung möglich.[56] Schließlich ist es dann aber auch der Umgang und die Erfahrung an und miteinander im Unterricht, der in dieser Weise auch ästhetisch bestimmt ist. Das Spüren der eigenen schöpferischen Kraft etwa in den eigenen Bildern oder in der Wahrnehmung fremder Bilder hilft dem Schüler, sich selbst wahrzunehmen mit seinen Begabungen und Fähigkeiten, die ihn unverwechselbar ausmachen. Wenn das eigene Bild eben ‚mein Bild‘ ist und nicht austauschbar ist, dann liegt hier eine Möglichkeit der Selbstwahrnehmung und Freude an der eigenen Entfaltung. Zugleich führt die ästhetische Arbeit im Religionsunterricht auch zur Wahrnehmung des anderen; er ist anders als ich, nimmt andere Farben als ich, kommt auf andere Gedanken als ich; schöpferisches Tätigwerden im Religionsunterricht übt so auch das Unterscheidende ein, das mich vom anderen trennt und ‚uns‘ nicht gleich macht.

Das gemeinsame Suchen nach dem unreduzierten Leben in der ästhetischen Erfahrung läßt in aller wichtigen Differenz aber auch die Erfahrung gemeinsamen Unterwegsseins machen. Der Titel ‚SpurenLesen‘ drückt treffend aus, worum es der ästhetischen Erfahrung zu tun ist: In ihr sind wir unterwegs mit unserer Lebensgeschichte, stoßen auf Spuren, entdecken Spuren und hinterlassen Spuren, die auf ein reicheres Leben verweisen. Damit kommen die elementaren

---

56 Gegenwärtig scheinen bildnerische Techniken am geeignetsten zur Eröffnung ästhetischer Erfahrungen. Sprachliche Formen engen durch die informationstragende Funktion der Wörter oft stark ein; hier regiert meist die Frage nach dem Richtigen oder Falschen. Die dominierende Sprachform der Aussage aber verhindert das eigentümlich Schwebende, das der ästhetischen Erfahrung eignet. Andere Schwierigkeiten stellen sich bei der Musik ein; diese wird von Schülern fast nur als Konserve und kommerziell beschnittene wahrgenommen. Ein authentischer Umgang mit Musik ist fast nur bei jüngeren Schülern noch vorhanden.

Perspektiven von Leben in Vergangenheit, Gegenwart und Zukunft in den Blick, die aber nicht immer nur je meine sind, sondern auch derer, die waren und die kommen werden. Im schöpferischen Tätigwerden – sei das noch so vorläufig und ‚fast nichts‘, wie manche Schüler sagen – machen sich Schüler und Lehrer auf, des Weges ihres Lebens innezuwerden. Mit den einfachen, oft ersten Gedanken kann viel in Bewegung kommen, motivieren, neugierig machen und zum Spielen verleiten. Das schöpferische Tätigwerden wird aber immer anfänglich bleiben; darin entspricht es dem Leben aus dem Glauben, der ebenso immer neu beginnt und nie fertig sein kann. Im Religionsunterricht wird das schöpferische Tätigwerden immer anfänglich bleiben, da es um die Entdeckung und Erprobung von Leben geht, das Widerstand setzt gegen Gleichgültigkeit, aber auch Orientierungslosigkeit, und darin erfahrbar werden läßt, was Leben in aller Fragmentarität ist: ein Ausstrecken auf Ungeahntes, Neues und Nicht-Machbares. Dabei lernen Schüler erahnen und ersinnen, was das Leben fragmentarisch sein läßt, wenn sie sich als Menschen entdecken, die unterwegs sind.

Das genauere Sehen, Schauen, Spüren und Wahrnehmen eröffnet Möglichkeiten ästhetischer Erfahrung, ebenso wie es in der ästhetischen Erfahrung eingeübt wird. Zunächst ganz periphere und elementare Eindrücke, die scheinbar undifferenziert und ungeordnet sind, haben doch in sich die Kraft, eine neue Sicht auf das Leben zu eröffnen. Freilich gehen solche Wahrnehmungen und Entdeckungen über das Vertraute, oft Eingefahrene und Bekannte hinaus. Neues und Unfertiges, Brüchiges und Sporadisches zeigt sich ebenso wie Unklares und Uneindeutiges. In besonderer Weise sind es die Künstler der Moderne, die solche Wege des Neuen ausschreiten und mit ihren Bildern neue ästhetische Erfahrungen ermöglichen; eine ästhetische Erfahrung, die dann wiederum zum eigenen Wahrnehmen der je eigenen Wirklichkeit anleitet. In solcher Wahrnehmung kommen das Leid und die Schönheit des Lebens ebenso zum Ausdruck wie das ungelebte Leben, nach dem sich Menschen ausstrecken und auf das sie hoffen. So wird es also auch im Religionsunterricht darum gehen, Dinge zu machen und zu

versuchen, die noch nicht fertig sind, Dinge, die uns überraschen, so wie das Leben selber, das reich ist an Neuem und
Ungeahntem. Darin nähert sich der Religionsunterricht dem
Glauben an, der nicht im fertigen Schauen lebt, sondern auf
ein dunkles Wort blickt wie in einem Spiegel.

Kindliche Religion und Phantasie –

dargestellt an einem exemplarischen Kapitel der Religionspädagogik

Werner H. Ritter

Wer heute von (christlicher) Religion und Glauben redet, gebraucht für gewöhnlich Worte wie Evangelium, Rechtfertigung, Bibel, Wort, Kreuz etc., also eingeführte theologische Begriffe, aber kaum oder gar nicht das Wort Phantasie, das als das „Allzumenschliche" im Gegensatz zur „Wahrheit des Glaubens" gilt. Der nachfolgende Beitrag will unter anderem zeigen, daß das nicht immer so war. Dazu wird in einem ersten Abschnitt (1.) das Nötigste zum Verständnis des Wortes Phantasie und seiner Bedeutung für Religion und Glaube in der theologischen Tradition (Luther, Schleiermacher) skizziert. Der zweite Abschnitt (2.) gibt einen exemplarischen Einblick in ein markantes Kapitel religionspädagogischer Problemgeschichte am Anfang des 20. Jahrhunderts, das sich höchst spannend, auffällig positiv und doch letztlich ambivalent auf Phantasie bezieht. Der letzte Abschnitt (3.) soll Lust machen zur Wiedergewinnung von Phantasie für theologisches und religionspädagogisches Denken und Tun.

1. Schlaglichter: Zum Verständnis von Phantasie

1.1. Begriff und Entwicklung

Da Phantasie in ihren Erscheinungen bunt und vielfältig ist, ist sie begrifflich nicht leicht zu fassen. Dementsprechend gibt es weder ein allgemein akzeptiertes Verständnis noch

151

eine exakte Definition dieses Wortes und seiner Funktionen, wohl aber lassen sich Herkunft, Geschichte, Bedeutung sowie Gebrauch des Wortes in der Theologie recht genau bestimmen.

Ursprünglich stammt das Wort Phantasie aus dem Altgriechischen; vom Verbum „phantàzesthai" (= sichtbar werden, erscheinen) her meint das Substantiv „phantasia": Erscheinen, Erscheinung.[1] Wie das Licht sich selbst sichtbar macht und zur Erscheinung bringt, so verhält es sich auch mit der Phantasie. Sie erfaßt – ursprünglich – das Wirkliche und die Wirklichkeit, ist also keineswegs identisch mit Unwirklichem oder Wahngebilden. Insgesamt erfreut sich die Phantasie allerdings keiner allgemeinen Wertschätzung, was nachgerade unsere Alltagssprache zeigt, die eine große Zahl von Phantasie-Wortverbindungen mit negativer Bedeutung kennt.

Meint bei Aristoteles Phantasie v. a. das menschliche Vermögen, Vorstellungen von etwas zu bilden als Nachwirkungen von Wahrnehmungen ohne Anwesenheit der betreffenden Gegenstände im Sinne eines Vor-Augen-Stellens, so bekommt das Wort, das seit dem 14. Jahrhundert im Deutschen beheimatet ist, mit dem 15./16. Jahrhundert die Bedeutung von unwirklicher Träumerei und Schwärmerei („Phantast"), während sein Verständnis als menschliche Fähigkeit zum imaginativ-imaginierenden und inspirierenden Überschreiten des Gegebenen im Sinne (re)produktiver Einbildungskraft in der Geistesgeschichte bereits seit Philostrat (um 200 n. Chr.) nachweisbar ist.[2] In ihrer gestaltenden und integrierenden Kraft wird die Phantasie aber erst recht eigentlich in der Neuzeit, vor allem im 18. Jahrhundert, erkannt. So hat Immanuel Kant (1724–1804) die „produktive" bzw. „dichtende" Einbildungskraft neben der bloß reproduzierenden betont und sie zur Quelle aller synthetischen Leistungen der Vernunft erklärt. Dagegen hat ihr wiederum der englische Empirismus von Francis Bacon bis zu John Locke jede prinzipielle Funktion abgesprochen und sie mit dem „Irrealen" gleichgesetzt,

---

1 Vgl. G. Camassa, Art. Phantasia, in: Historisches Wörterbuch der Philosophie, hg. v. J. Ritter und K. Gründer, Bd. 7, Basel 1989, Sp. 516.

2 Vgl. ders., a. a. O., Sp. 521.

da sich die Phantasie gegenüber der Realität verselbständigen würde.[3] Dieser kurze Blick in die Begriffsgeschichte kann zeigen, daß die unterschiedlichen Verständnisweisen nicht von Anfang an begegnen, sich vielmehr im Lauf der Geschichte aus dem ursprünglichen Vorstellungsgehalt „Erscheinen/Erscheinung" entwickelt haben. Jedenfalls kennt das Deutsche Wörterbuch der Gebrüder Grimm[4] zwei Gebrauchsweisen des Wortes, die sich so bis heute gehalten haben. Danach meint Phantasie zum einen Vorstellung/Vorstellungsvermögen, Einbildung/Einbildungskraft, Erfindung/Erfindungskraft, Einfallsreichtum etc., zum anderen aber auch Trugbild im Sinne einer nicht der Wirklichkeit entsprechenden Vorstellung und damit Verstiegenheit, Überspanntheit, Unglaublichkeit und Unwirklichkeit („Das ist nur Phantasie!").[5] In ihren beiden Formen ist Phantasie bei ihren Unterschieden im einzelnen so etwas wie eine kulturübergreifende Konstante, d. h. in allen uns bekannten Kulturen nachweisbar. Anschaulich-konkret begegnet sie uns in den Phänomenen des Schöpferischen, angefangen vom spontan-kreativen Einfall im Alltag über kreativ-produktive Prozesse in Wissenschaft und Kunst, bis hin zu Zerr- und Trugbildern in Phantasmagorien und Psychosen.

1.2. Bedeutung für Glaube und Theologie

Schon in der Bibel[6] begegnet „Phantasie", wenn auch nicht dem Begriff, so doch der Sache nach in ihrer positiven wie negativen Bedeutung. Entsprechend ihrer sprachlich-bedeutungsmäßig aufgezeigten Ambivalenz ist die Relevanz von Phantasie für Glauben und Religion in der Glaubens- und Theologiegeschichte sehr unterschiedlich bewertet worden.

---

3 Vgl. E. Grassi, Die Macht der Phantasie, Frankfurt/Main 1984, S. 201.
4 Phantasai, Phantasie, in: Deutsches Wörterbuch von J. und W. Grimm, Bd. 7, Leipzig 1889, Sp. 1821 f.
5 Vgl. Duden, Bd. 10. Bedeutungswörterbuch, bearb. v. P. Grebe, R. Köster, W. Müller u. a., Mannheim 1970, S. 490.
6 Siehe dazu den Beitrag von U. Schorn und M. Müller in diesem Band.

So wurde immer wieder ihre schöpferisch-kreative und befreiende, neuschaffende Kraft erkannt und gepriesen. Da sie aber auch Gewünschtes, Mögliches und Unmögliches als tatsächlich gegeben vorstellen kann, erscheint sie auch als trügerisch, verführerisch und diabolisch. Menschlicher Geist und Phantasie können, um eine Formulierung von J. Calvin zu gebrauchen, eine „fabrica idolorum"[7], eine Götzenwerkstatt, sein. Deshalb wird ihr in Religion, Theologie und Glaube häufig mißtraut. Geistesgeschichtlich hat die Sicht des christlichen Glaubens, wonach der Mensch als Ebenbild Gottes, des *Schöpfers,* selbst mit *schöpferischen Fähigkeiten* begabt vorzustellen ist, ihre Auswirkungen gehabt und kann als eine der Wurzeln der neuzeitlich so wichtig gewordenen schöpferisch-produktiven Einbildungskraft bzw. Phantasie gesehen werden.

Im folgenden seien exemplarisch nur zwei Gewährsmänner unserer theologischen Tradition angeführt, die uns etwas von der geschichtlichen und theologischen Hochschätzung der Phantasie für den christlichen Glauben zeigen können. Vermutlich angeregt durch den positiven Gebrauch des Wortes Phantasie im deutschen Humanismus[8], der die dichtend-imaginative Tätigkeit der Phantasie als *eine*, wenn nicht *die* Quelle menschlichen Daseins und der geschichtlichen Welt deutete, konnte *Martin Luther* in einem auffallend positiven Sinne von „Bilden", „Bild", „Dichten" oder vom „cor fingens", dem bildend-dichtenden Herzen, sprechen, welches uns „Christus vor Augen malt".[9] Gott sei, so formuliert Lu-

---

7 Vgl. J. Calvin, Institutio I,8.

8 Vgl. E. Grassi, a. a. O., S. 239. – Neben einem italienischen Humanismus der Renaissance (als Gegenbewegung zur Scholastik und kirchlicher Autorität) gibt es auch deutsche Humanisten um Erasmus von Rotterdam, Ulrich von Hutten und Johannes Reuchlin; später kommt es zur Aufnahme humanistischer Gedanken bei Johann Gottfried Herder, Johann Georg Hamann, Gotthold Ephraim Lessing u. a.

9 Das am Tübinger Institut für Spätmittelalter und Reformationsgeschichte entstehende Lutherregister, das Luthers Werke begrifflich (deutsch und lateinisch) auswertet, notiert etliche Male „phantasia" und „Phantasie"; danach verwendet Luther das Wort in der auch uns geläufigen Doppelbedeutung. Mehr einschlägig in der Sache ist freilich

ther poetisch-phantasievoll, „wie ein glühender Backofen voller Liebe" oder „wie ein Mann im Nebel". Glaube als Begabung mit Phantasie[10] bedeutet bei Luther die Begabung mit produktiven Bildern der Rettung und Versöhnung; sie wird herbeigeführt durch die Verwandlung des cor fingens (WA 42,348 zu Gen 8,1) und beinhaltet insofern einen Bildersturz alter und verderbter Bilder. In seiner Auslegung des Magnificat (1520/21) macht Luther „Gottes schöpferisches Sehen"[11] besonders anschaulich als seinsverleihende und -begründende Phantasie des Schöpfers, die aus dem Niedrigen und Geringen Großes werden läßt.

Von der Aufklärung diskreditiert erfahren Phantasie, Poesie und Mythen im 18. Jahrhundert eine deutliche Aufwertung, weil ihre Imaginationskraft fasziniert. So wird in Neuhumanismus und Romantik Phantasie ein Begriff von zentraler Bedeutung, der aber nicht theoretisch entfaltet wird. Er spiegelt die Hochschätzung der Individualität und der „inneren", vor allem künstlerisch gedachten menschlichen Entfaltungskraft im Gegensatz zur abstrahierenden, normierenden und sich häufig übernehmenden Vernunft der Aufklärung.[12] Ohne daß dies im einzelnen jeweils begründet zu werden brauchte, war Phantasie in der Geisteswelt am Übergang vom 18. zum 19. Jahrhundert ein zentraler Topos in Theorie und Lebenswelt.

Eine besondere und ausdrückliche Relevanz bekommt sie im Glaubens- und Theologieverständnis von *Friedrich Daniel Ernst Schleiermacher* (1768–1834). Schon sehr früh kommt in seinem Werk der Phantasie eine systematisch gewichtige Stellung zu. So heißt es gegen Ende der zweiten Rede seiner

---

die Verwendung der Worte bilden/Bild, dichten, cor fingens (= dichtendes, „bildendes" Herz). Ersteren Hinweis verdanke ich Dr. R. Rieger von der Tübinger Forschungsstelle.

10 Vgl. zum folgenden M. Trowitzsch, Art. Phantasie, in: TRE, Bd. 26, Berlin u. a. 1996, S. 470.

11 E. Thaidigsmann, Gottes schöpferisches Sehen, in: NZSTh 29 (1987), S. 19 ff.

12 So polemisierten etwa Johann Georg Hamann (1730–1788) und Johann Gottfried Herder (1744–1803) massiv gegen den Purismus der „reinen Vernunft".

Schrift „Über die Religion. Reden an die Gebildeten unter ihren Verächtern" (1799): „Ihr werdet wissen, daß die Phantasie das Höchste und Ursprünglichste ist im Menschen, und außer ihr alles nur Reflexion über sie. Ihr werdet es wissen, daß eure Phantasie es ist, welche für euch die Welt erschafft."[13] Jenes signifikante „Ihr werdet wissen ..." zeigt deutlich, daß Phantasie zu den Grundvoraussetzungen und -annahmen seines Denkens gehört, ohne daß dies in einen Dauergebrauch des Wortes ausarten muß; offenkundig konnte er diesbezüglich bei seinen Leserinnen und Lesern eine entsprechende Bereitschaft und Neigung voraussetzen. Das Zitat zeigt auf jeden Fall, daß die Phantasie neben der Reflexion das wichtigste „Organ" geistiger Produktivität des Menschen ist; sie steht nicht unter der Vernunft, sondern ist ihr gleichgeordnet.[14] So verstanden hat die Phantasie also eine fundamentale Bedeutung für die Religion. In diesem Sinne formuliert Schleiermacher an jener zitierten Stelle aus seiner zweiten „Rede" kurz vorher so: „Ob er (sc. ein Mensch; W. R.) zu seiner Anschauung einen Gott hat, hängt ab von der Richtung seiner Phantasie." Das heißt, ob einer an Gott glaubt, ist „Ansichtssache" in dem Sinne und in ähnlicher Weise, wie er die Welt ansieht. Dies aber hat eminent mit seiner Vorstellungs- und Einbildungskraft zu tun. Später, etwa in seiner Glaubenslehre, hat Schleiermacher keinen Gebrauch mehr von dieser „genialen Intuition"[15] gemacht, aber doch an der zentralen Bedeutung der Phantasie für sein Gesamtsystem festgehalten. Zwar hat Schleiermacher maßgeblichen Einfluß auf die Theologie des 19. und anfänglichen 20. Jahrhunderts gehabt; da er sich aber mit der Phantasie in ihrer fundamentalen religiösen Bedeutung nicht weiter erkenntnis- und grundlagentheoretisch auseinandergesetzt hat, ist die Theo-

---

13 F. Schleiermacher, Werk. Auswahl in vier Bänden, Bd. 4, hg. v. O. Braun und J. Bauer, Aalen u. a. 1981, S. 287 f.
14 Schleiermacher spricht in diesem Sinne zwanzig Jahre nach den „Reden" von einer „Parallele von Vernunft und Fantasie"; vgl. Th. Lehnerer, Die Kunsttheorie Friedrich Schleiermachers, Stuttgart 1987, S. 214 f.
15 E. Rolffs, Die Phantasie in der Religion, Berlin 1938, S. 185.

logie nach ihm kaum oder gar nicht mehr auf das Problem eingegangen. Eine der wenigen Ausnahmen ist Richard Kabisch,[16] auf den im folgenden zweiten Abschnitt eingegangen wird. Darum war am Übergang vom 19. zum 20. Jahrhundert von Phantasie in der Theologie kaum die Rede,[17] um so mehr dagegen im übrigen Geistesleben dieser Zeit, in Reform- und Erlebnispädagogik und in der Psychologie (William James, Wilhelm Wundt).

Die Zurückhaltung seitens der akademischen Theologie in Sachen Phantasie erstaunt insofern sehr, als man sich zu dieser Zeit längst mit der Religionskritik etwa von Ludwig Feuerbach (1804–1872) und Sigmund Freud (1856–1939) und ihrer Anhängerschaft konfrontiert sah, in welcher – sei es pauschal oder differenziert – Religion als Phantasie im pejorativen Sinne und als bloße Illusion apostrophiert wurde.[18] Wohl nicht zuletzt in Folge dieses einseitig negativen Ver-

---

16 Wegen ihrer positiven Bezugnahme auf Phantasie wären außerdem noch zu nennen: M. Reischle (1891); A. Niebergall (1906); E. Rolffs (1924/26; 1938); M. Rade (1926); vgl. E. Rolffs, a. a. O., S. 16 ff.

17 Symptomatisch dafür ist, daß weder in der 1. Auflage der RGG (1909–1913) noch in der RE (Realenzyklopädie; 1896–1908 bzw. 1913) das Stichwort Phantasie zu finden ist. Dies ändert sich erst in den 90er Jahren des 20. Jahrhunderts: J. W. Dixon, Art. Phantasie, in: EKL³, Bd. 3, Göttingen 1992, Sp. 1174–1177; M. Trowitzsch, Art. Phantasie, in: TRE, Bd. 26, Berlin u. a. 1996, S. 469–472.

18 So war Feuerbach in seinen „Vorlesungen über das Wesen der Religion" (1845) zu dem Ergebnis gekommen, daß die Götter „die verwirklichten oder die als wirkliche Wesen vorgestellten Wünsche des Menschen" wären, weswegen ein Gott nichts anderes als „der in der Phantasie befriedigte Glückseligkeitstrieb des Menschen" sei, also die Personifizierung menschlicher Wünsche durch die Phantasie. Ebenso konnte Freud der Phantasie keine schöpferische Potenz zuerkennen, vielmehr bezeichnet er sie als illusionär, wobei Illusion bei ihm Ableitung aus menschlichen Wünschen bedeutet. Seine Diagnose der Phantasie als unbewußter psychischer Vermittlung zwischen Wunsch und Wirklichkeit spielt eine entscheidende Rolle in seiner Religionskritik, in der er Religion als kulturell bedingte regressive Wunschphantasie (!) versteht. Erst durch neuere Entdeckungen in der Psychoanalyse v. a. in der zweiten Hälfte des 20. Jahrhunderts (v. a. seit Donald W. Winnicott) konnte Freuds Vorbehalt gegenüber Phantasie überwunden und deren schöpferische Potenz für menschliches Seelenleben ins rechte Licht gerückt werden.

ständnisses standen Glaube, Christentum und Theologie der Phantasie lange vorsichtig, meist sogar ablehnend gegenüber. Nachgerade die Dialektische Theologie in den ersten zwei Dritteln des 20. Jahrhunderts mochte sich nicht auf Religion, religiöses Gefühl, religiöse Erfahrung und Phantasie einlassen, sah sie doch hier die Gefahr menschlich-psychologischer „Selbstbemächtigung Gottes".[19] Statt dessen konterte sie mit dem Verweis, das Christentum sei keine Religion, entspringe vielmehr einem Akt göttlicher Offenbarung. Diese Antwort – eine Offensivstrategie – mochte für einige Zeit plausibel sein, früher oder später mußte das Thema „Religion und Phantasie" aber wieder auf die theologisch-religionspädagogische Tagesordnung zurückkehren. Dies geschah auch im letzten Drittel des 20. Jahrhunderts. Erste vorsichtige Veränderungen zeichneten sich ab mit D. Sölles[20] pointierter Aufnahme des produktiven Charakters von Erfahrung in den 70er Jahren, und schließlich dann seit den 80er und 90er Jahren, als Phantasie über religiöse Lebensäußerungen und -praxen auch in die Theologie und die wissenschaftliche theologische Reflexion zurückkehrte. Hier hat Ende der 90er neben A. Grözinger[21] vor allem H.-G. Heimbrock nachdrücklich die positiv-produktive Bedeutung von Phantasie, Imagination und Einbildungskraft für den Glauben in Erinnerung gerufen:[22] Der „Möglichkeitssinn" der Phantasie, der „die Zwänge des Alltags suspendiert", schaffe im Horizont des Glaubens Spielraum „gegen die Überanpassung an die distanzlos hereinbrechende Wirklichkeit".

---

19 Vgl. H.-G. Heimbrock, Art. Phantasie, in: TRT[4], Bd. 4, Göttingen 1983, S. 103.
20 D. Sölle, Phantasie und Gehorsam, Stuttgart (1968) [5]1972.
21 Vgl. A. Grözinger, Praktische Theologie als Kunst der Wahrnehmung, Gütersloh 1995.
22 Vgl. z. B. H.-G. Heimbrock, Virtuelle Räume: Wahrnehmung und Einbildung, in: ders. (Hg.), Religionspädagogik und Phänomenologie, Weinheim 1998, S. 217 ff. – Heimbrock hatte schon in seiner Arbeit „Phantasie und christlicher Glaube", Mainz/München 1977, diesen wichtigen Zusammenhang entdeckt.

2. Kinderreligion als „Erfahrungs- und Phantasiereligion" – die Position von Richard Kabisch

Im folgenden will ich den Blick auf das religionspädagogische Konzept eines Mannes richten, bei dem die Themen Phantasie und religiöse Phantasie im allgemeinen sowie bei Kindern im besonderen eine maßgebliche und markante Rolle gespielt haben: Richard Kabisch (1868–1914).[23] Kabisch kann als Hauptvertreter, ja als Vater der sog. Liberalen Religionspädagogik am Anfang des 20. Jahrhunderts gelten. Zu verstehen ist er nur im Kontext damaliger religionspädagogischer Reformansätze. Dabei handelt es sich um den Bund von moderner (liberaler) Theologie und wissenschaftlicher Pädagogik (Herbart/Ziller). Die Liberale Theologie dieser Zeit sieht ein Thema neu, das in der seinerzeitigen konservativ-orthodoxen Theologie unterzugehen drohte: den Menschen und sein Verhältnis zur Welt. Pädagogisch ist die sich neu formierende Liberale Religionspädagogik im Kontext der damaligen Reformpädagogischen Bewegung (1900–1930) zu verstehen, die sich am Kind und seiner natürlichen Selbstentwicklung orientieren wollte und auf die Veränderbarkeit des Menschen und seiner Lebenswelt durch Erziehung setzte; interessiert war sie vor allem an Leben, Lebensnähe, Erlebnis- und Handlungsbezug. Später wird es als Verdienst der Liberalen Religionspädagogik gelten, den Religionsunterricht wieder „interessant und damit für die Schule im Ganzen bedeutsam gemacht zu haben"[24]. Näherhin ist Kabisch hinsichtlich seines Religions- und Religionsunterrichtsverständnisses zum einen von Schleiermacher und zum anderen von der Reform- und Erlebnispädagogik sowie der Psychologie seiner Zeit abhängig (v. a. W. Wundt). Untersucht man sein Hauptwerk „Wie lehren wir Religion?" (1910)[25], das maßgeblich und stellver-

---

23 Vgl. dazu die ausführliche Darstellung in: W. H. Ritter, Glaube und Erfahrung im religionspädagogischen Kontext, Göttingen 1989, S. 46 ff.

24 G. Bockwoldt, Art. Richard Kabisch, in: V. Drehsen u. a. (Hg.), Wörterbuch des Christentums, Gütersloh 1988, S. 1061.

25 Dieses Buch erlebte sieben Auflagen. Wir zitieren hier nach der siebten

tretend für seine vielfältigen religionspädagogischen Arbeiten stehen kann, zeigt es sich, daß v. a. zwei Zusammenhänge sein religionspädagogisches Denken und Arbeiten bestimmen: zum einen Religion und zum anderen (religiöses) Erfahren/Erleben, Gefühl und Phantasie. Um seinem Verständnis von Phantasie und „Phantasiereligion" auf die Spur zu kommen, muß vorab etwas zum Verständnis von Religion in Liberaler Theologie allgemein und in der Liberalen Religionspädagogik bei Kabisch im besonderen gesagt werden.

2.1. Religion

Erklärtermaßen geht es Kabisch nicht darum, „auch nur eine einigermaßen ausreichende Theorie vom Wesen der Religion aufzustellen" (19).[26] Letztlich entfaltet er ein vorwiegend psychologisch konturiertes Verständnis von Religion. Dazu nimmt er v. a. Schleiermachers Verständnis auf, paraphrasiert es und bezieht – Schleiermacher psychologisch vertiefend – die experimentelle Psychologie von W. James und v. a. von W. Wundt mit ein. Religion ist „Kraftsteigerung" (24), „von unvergleichlich segensreicher Kraft" (13), „das höchste Lebensgut" (2) und „unmittelbarste Wirklichkeit des über sich selbst hinaus gesteigerten Lebens" (24). Sie legt sich „in der Regel in zwei Stufen auseinander" (31), einmal in ein intensives *Abhängigkeitsgefühl* (31, 33 u. ö. mit Schleiermacher), dann aber auch – über Schleiermacher hinaus – in ein *Erhebungsgefühl* (33). Anthropologisch versteht er Religion als allgemeinste Anlage. Ihr Wesen liegt im „Gefühl". Psychologisch will er „das Wesen der Religion" nicht auf „eine einzige seelische Funktion allein festlegen", vielmehr gilt ihm: „Die ganze Seele, fühlend, wollend und vorstellend, ist daran beteiligt." (35)

Auflage, Göttingen 1931. Damit wird auf den Kabisch-Text der dritten Auflage von 1913 zurückgegriffen, die letzte Ausgabe, die Kabisch selbst besorgt hat.

26 Die im fortlaufenden Text in Klammern gesetzten Seitenzahlen beziehen sich auf die siebte Auflage von Kabischs „Wie lehren wir Religion?" von 1931.

2.2. Phantasie – erlebnispsychologisch und erlebnispädagogisch

Während die Liberale Theologie – der Kabisch nahestand – meinte, in der Phantasie das menschliche „Organ des Gottähnlichen" identifizieren zu können, wird Phantasie für Kabisch *zunächst einmal* über die Erlebnispsychologie und Erlebnispädagogik didaktisch-methodisch wichtig. Da die Unfruchtbarkeit des bisherigen orthodoxen Religionsunterrichts v. a. darin begründet war, daß er zuviel „Lehre" vermittelte, kam es jetzt im Religionsunterricht darauf an, zum (Nach-)Erleben von Religion beizutragen und Schülerinnen und Schülern religiöse Erlebnisse und Erfahrungen zu vermitteln. In Sachen Lehrbarkeit der Religion hielt Kabisch für entscheidend, „ein Subjekt dahin zu bringen, daß es die eigene Unzulänglichkeit im Gefühl erlebe und die Wirksamkeit der oberen Welt ... zur Steigerung der Lebenskraft als eine wirkliche erfahre" (56). Deswegen warnt Kabisch ausdrücklich vor einem „bloß verstandes- und gedächtnismäßigen Religionsbetrieb", denn Religion wird erlebt, nicht gedacht (60). Verlangt ist daher ein lebensvoller, erlebnisreicher, phantasievoller Religionsunterricht, dem es um „eine Bewegung der Gefühls- und Willenswelt" (60) geht. Darauf allein kommt es an, „daß die in dem Religionsunterricht angeschauten Stoffe mit Gefühlsbewegung erlebt werden, daß die Schüler in der Religionsstunde bewundern und verehren, hassen und lieben, sich entrüsten und begeistern, sich grauen und erheben, sich bedrückt und befreit fühlen" (116). Dazu braucht es sowohl die Suggestion religiöser Persönlichkeiten, die zu religiösen Gefühlen anregen können, als auch die entsprechenden religiösen „Vorstellungsbildungen"[27]. Religion ist also zu lehren, „sofern die Phantasie es ermöglicht, die religionsschöpferischen Ereignisse und die Wirkung schöpferischer Persönlichkeiten nachzuerleben" (17). Für Kabisch ist damit, wie er an anderer Stelle schreibt, die Phantasie der „Schlüssel ... zum Gemüt des Schülers",

---

27 Siehe dazu im folgenden Punkt 2.3.

folglich sei jeder Religionsunterricht verfehlt, „der nicht auf die Phantasie baut und die Phantasie anzuregen versteht"[28].

Damit bestätigt sich: Phantasie und religiöse Gefühle werden für Kabisch v. a. über Erlebnispsychologie und Erlebnispädagogik didaktisch-methodisch wichtig. Bedeutsam ist dies unter anderem hinsichtlich der Anforderungen an Religionslehrkräfte. Sie brauchen „Gemütstiefe, Phantasie und Erfindungsgabe". Wer „sie hat, vollends wer noch mit diesen Gaben eine starke und imponierende Persönlichkeit vereinigt, der ist ein lebender Beweis für die Lehrbarkeit der Gefühle" (47).

Insgesamt hat Kabisch damit Dimensionen berührt, ohne die der Religionsunterricht zu keiner Zeit gelingen kann, was nicht heißen soll, daß dies die einzigen Dimensionen theologisch und pädagogisch verantworteten Religionsunterrichts wären. Rein verstandesmäßig ausgerichteter, rationaler, theoretisierender Religionsunterricht ohne Erfahrungs-, Lebens- und Erlebnisbezüge und deren Verarbeitung in Anschauung und Gefühl, ohne Phantasie also, genügt nicht. Wir können diesbezüglich von Kabisch und der Liberalen Religionspädagogik lernen, was auch schon seit geraumer Zeit geschieht.[29]

2.3. Erfahrungs- und Phantasiereligion

Für Kabischs (religiöse) Phantasie ist – über das in 2.2. Gesagte hinaus – wichtig, was er zur „Phantasiereligion" geäußert hat. Dazu muß man wissen, daß er – erstaunlich für seine Zeit, aber vom Reformpädagogischen Kontext her verständlich – eingehend von der *„Religion des Kindes"* (62 ff.) spricht, die er näherhin als *„Erfahrungs- und Phantasiereligion"* kennzeichnet. Unter *„Erfahrungsreligion des Kindes"* (63 ff.) will er die „religiösen Erfahrungen" ver-

---

28 Vgl. G. Bockwoldt, Richard Kabisch, Berlin 1976, S. 98.
29 Siehe meine diesbezügliche Würdigung in: Art. Richard Kabisch, in: N. Mette/F. Rickers (Hg.), Lexikon der Religionspädagogik, Neunkirchen-Vluyn 2000 (im Erscheinen).

standen wissen, „die das Kind selbständig macht", und zwar „auf dem Gebiet des Natur- und des sittlichen Lebens" (63). Hierbei denkt Kabisch zum einen an „gewaltige Naturerscheinungen" wie Gewitter, das Ohnmachtsgefühl des Neugeborenen usw. Zum anderen zeigt sich die Erfahrungsreligion im Gewissensbereich: in sittlichem Leben und Erlebnissen, in „Schuldgefühl, Schamgefühl, Pflichtgefühl, Gefühl der Lebenssteigerung durch Fortschritt im Guten" (91). Beide Zusammenhänge zählen für Kabisch „zu den unmittelbaren Gottesoffenbarungen, die das Kind erfahren kann" (90), hier „tritt Gott in das Leben des Kindes" (91). Entscheidend ist, daß in „der Religion der Erfahrung ... die überlegene, das Leben absolut bedingende Wirklichkeit in einer das Seelenleben unmittelbar ergreifenden Weise im Kinde wirksam" wird, so daß Kinder sowohl das Gefühl der absoluten Abhängigkeit als auch das der Erhobenheit („Steigerung des Lebensgefühls") erleben können (88). Die religiöse Erziehung tut hierbei nichts anderes, als dieser wunderbaren „Macht aus der oberen Welt den Namen Gottes" zu geben (95).

Was versteht Kabisch nun unter *Phantasiereligion*? Kabisch interessiert sich zunächst einmal für die religiöse Phantasie von Kindern (66 ff.), indem er positiv auf die kindlichen religiösen Phantasievorstellungen von Gott, Himmel und Hölle, Engeln und Geistern achtet.[30] Näherhin aber haben wir es in der „Phantasiereligion" mit einer „ – frei oder nach Anleitung – gestaltenden Vorstellungsschöpfung" (95, Anm. 1) zu tun, die sich auf „diese Gefühlswirklichkeit" der Erfahrungsreligion, (welche sich im Gefühl der Abhängigkeit und der Erhobenheit zeigt) bezieht: „In der Religion der Phantasie, die ganz wesentlich an die Einflüsse der Umgebung und der historischen Überlieferung anknüpft, sucht das

---

30 Sieht man genauer hin, beurteilt er sie freilich letztlich doch abschätzig. Hier ist heutige empirisch-lebensweltliche religionspädagogische Forschung über Kabisch hinaus, die kindliche Phantasievorstellungen unvoreingenommen positiv sehen will; vgl. H. Hanisch, Die zeichnerische Entwicklung des Gottesbildes bei Kindern und Jugendlichen, Stuttgart/Leipzig 1996.

Kind die Quellen seiner Abhängigkeit, die doch im Jenseits, d. h. außerhalb der Erscheinungswelt liegen, Gott und die wirkenden Gotteskräfte, in Vorstellungen zu gestalten." (88) Solche „Vorstellungen"[31] oder „Symbole" sind nach Kabisch notwendig zur Benennbarmachung jener zugrunde- oder vorausliegenden Gefühlserlebnisse der Erfahrungsreligion. Es muß mit anderen Worten, wie er sagt, „die Phantasie-Religion zu Hilfe genommen werden, um die Erfahrungs-Religion zu formen" (103). Das heißt: Wo die Seele von „Gott" und religiösen Dingen „Bilder erbaut" (96), wie beispielsweise in Bilderbibeln (84), handelt es sich um Phantasiereligion; Bilder sind „Schöpfungen des zur Tat drängenden Gefühls" (96), wobei „die Phantasiegestalten, nach der intellektuellen Seite zwar unhaltbar, nach ihrem Gefühlsinhalt doch als treffend und wahr bezeichnet werden müssen" (97). Phantasiegestalten sind also nicht reine Illusion, vielmehr könnten sie von ihrem Gefühlsinhalt her (Gefühl der Erhobenheit und der Abhängigkeit) „der Erfahrungsreligion vollkommen gleich sein; darin besteht dann ihre Wahrheit". Folglich können solche Bilder, Phantasien und Vorstellungen „wenn auch nur in sekundärer Weise mit verwandt werden, um Gefühle zu erzeugen" (126).

Hinsichtlich des Verhältnisses von Erfahrungs- und Phantasiereligion ergibt sich ein zweifacher Eindruck: Einerseits bedarf die „Erfahrungsreligion" der „Phantasiereligion" und umgekehrt, andererseits dominiert letztlich die „Erfahrungsreligion" über die „Phantasiereligion".

Um besser zu verstehen, worum es Kabisch geht, soll er im folgendem selber zu Wort kommen. Zunächst führte er aus, welche Gefahren der Erfahrungsreligion aus der Phantasiereligion erwachsen:

„Soweit ich sehe, erwachsen der Erfahrungsreligion Gefahren aus der Phantasiereligion durch folgende Punkte: 1. Der anthro-

---

31 Kabisch übernimmt den Begriff von W. Wundt, Völkerpsychologie. 4., 5., und 6. Bd. Mythos und Religion, 3., neubearb. Aufl. Leipzig 1923, der darunter ein „Denken in sinnlichen Einzelvorstellungen" bzw. ein „Deuten in Bildern" verstand. Von Wundt her ist Phantasie bei Kabisch in erster Linie eine psychologische Größe.

pomorphe Gott des Alten Testaments widerstreitet zuweilen der göttlichen Unsichtbarkeit, Allgegenwart und Immanenz, die der Erfahrungsreligion allein entspricht. Wo nun der erstere als der wirkliche ausgegeben wird, entsteht eine Unterwertung, ja ein Verlust des Gottes, den das Kind um und in sich selbst erfahren kann; und wo endlich das Autoritätsgefühl gegenüber jener Überlieferung ins Schwanken kommt, wird unter den Trümmern der Phantasiereligion auch das Gottesbild begraben.

2. An Beispielen wie Josefs Erhöhung oder der Errettung Israels aus Ägypten wird das Phantasiebild von Gott so gestaltet, als ob die endliche Errettung des Frommen, wenn er nur ausharre und zu Gott in der Not rufe, auch in irdischer Beziehung abgemachte Sache sei. Es ist wunderbar, wie in zahllosen Lehrbüchern und Lehrstunden diese Unwahrheit aufgetischt wird, als habe es ein Kreuz Christi nie gegeben. Die Sicherheit der Gebetserhörung, wenn nur das Gebet ernstlich und mit Zuversicht gesprochen werde, wird dann daran geknüpft und so in der Phantasie die Religion geradezu als eine Einrichtung zur Sicherstellung des äußeren Wohlergehns ausgestaltet. Dem schlagen dann die Erfahrungen des täglichen Lebens immer wieder ins Gesicht, die Prüfungen der Gebetserhörung fallen negativ aus; und die Phantasiereligion bricht zusammen, nachdem sie die Erfahrungsreligion mundtot gemacht hatte.

3. Der Gott, der Wunder tut im Sinne einer Durchbrechung der Naturgesetze, darf nicht den Gott, der in den Naturgesetzen und in den sittlichen Gesetzen lebt, verdrängen. Auch hier bleibt die Erfahrung ähnlicher Ereignisse aus, und wenn ein Gottesbild dieser Art den Anspruch erhebt, anstelle des aus der Erfahrungsreligion stammenden als das allein richtige gesetzt zu werden, so wiederholt sich die Erscheinung, daß mit dem Vertrauen auf die Zuverlässigkeit der Überlieferung dem eigenen Bewußtsein das Gottesbild überhaupt verloren geht, wo es doch tagtäglich in seiner Wahrheit erlebt werden könnte. Wo sich die Überzeugung oder gar ein vermeintliches Wissen davon ausbreiten ‚daß diese Geschichten lange nicht wahr seien‘, da ist das Gottesbild, das die Phantasie anderer aus diesen Elementen gewoben, natürlich unhaltbar." (109 f.)

Um diese Gefahren zu vermeiden, schlägt Kabisch folgendes vor:

„1. Wo Gott im Alten Testament erscheint, ist fühlbar zu machen wie die Menschen innerlich eine unwiderstehliche Erfahrung seines Willens und Wesens machen, die wir genau in derselben Weise heute machen können und wirklich machen. Daß Gott sich gleich bleibt, ‚Ich werde sein, der ich sein werde‘, und daß nur die Menschen je nach ihrer Erregbarkeit ihn anders gesehn oder, wenn sie von solchen Erlebnissen hörten, sich das anders vorgestellt haben. ...

2. Jene unwahre Grundvorstellung von der Weltordnung, als werde der Gehorsam gegen das göttliche Gesetz in uns nach dem Zusammenhang der den Naturverlauf regelnden göttlichen Gesetze außer uns jederzeit so belohnt, daß es dem Frommen zuletzt auch äußerlich wohlergehe, diese Grundvorstellung muß überall, wo die frühere Phantasiereligion vergangener Geschlechter ihr huldigte, durch die im Christentum gegebene Erfahrungsreligion berichtigt werden. Daß Gott *irgendwie* sich zu dem bekennt, der ihm vertraut und aus ihm seine Kraft nimmt; daß er ihm äußere Siege geben kann, daß aber auch ebenso oft seine errettende Kraft dadurch sich beweist, daß bei äußerem Zusammenbruch doch der innere Sieg eines ungebrochenen Mutes und eines in die unsichtbare Welt sich hinüberhebenden Glaubens errungen wird, wie bei Jesus, Paulus, allen Märtyrern; kurz die Erfahrungsreligion, daß durch die Verbindung mit Gott in der Seele Kräfte frei werden, die aus der Vergänglichkeit und Ohnmacht in die Unvergänglichkeit und Allmacht heben, diese unerschütterliche Erfahrungsreligion des Christentums muß die Grundzüge hergeben für das Bild, das die Phantasiereligion von dem Walten des Höchsten in der Welt sich entwirft. ‚Dein Tun ist lauter Segen, dein Gang ist lauter Licht‘, aber nicht immer in sinnlichen Formen.

3. Nicht die Wunder (physische Erlebnisse), sondern die Seelenerschütterungen prophetischer Männer (psychische Erlebnisse) müssen in erster Linie als Offenbarungstatsachen fühlbar gemacht werden. Sie dürfen auch nicht als Beweise für die Göttlichkeit Jesu benutzt werden (da sie ja dann auch Beweise für die Göttlichkeit Moses, der Propheten, der Apostel, ja nach Joh. 14,12 für die Göttlichkeit der Gläubigen wären); vielmehr als Zeichen für die Macht des Geistes über das Fleisch, der Macht der prophetischen Persönlichkeiten, die durch die Festigkeit eines bergeversetzenden Glaubens sich selbst mit so wunderbarer Kraft erfüllten, daß sie von dieser Kraft auch auf andere überströmen lassen konnten, kurzum als Zeichen von der Macht der Religion, durch Verbindung mit dem Leben Gottes das eigene Leben zu steigern. Im übrigen aber als Gegenstände sehr zarter Behandlung, die man weder pressen noch beseitigen darf, weil

sie in ihren Einzelzügen nicht im Licht heller Geschichte stehn und nicht, wie andere Geschichten, durch die Analogie aus dem Leben der Gegenwart und der eigenen Erfahrungen ergänzt werden können. Man wird also z. B. bei den Wundern Jesu das Wunderbare d. h. das Physikalische an der Sache als das Unwesentliche und die in ihnen hervortretende Macht seines Geistes und seiner Liebe als das Wesentliche, das uns seine Göttlichkeit fühlbar macht, zu behandeln haben." (110 ff.)

Das bedeutet: Die „wirklichen Gotteserfahrungen" liegen „im Gefühl" und in der „Religion der Erfahrung" (88). Dann aber ist es so, daß „die größere Kraft, Gewißheit und Dauerhaftigkeit" bei der Erfahrungsreligion „liegen muß, und daß sie, aus der Wirklichkeit stammend, den größeren Einfluß auf die Lebensführung zu gewinnen angetan ist" (88). Dementsprechend komme im Religionsunterricht alles darauf an, „eine rechte Erfahrungsreligion und eine rechte Phantasiereligion im Sinne evangelischen Christentums in den Seelen der Kinder zu begründen und die letztere so zu gestalten, daß sie zu einem treffenden, in ihrer Natur erkennbaren, aber in ihrer Form zureichenden Gefäß der ersteren wird, um die Erfahrungsreligion zu formen, sichtbar zu machen, und zu bergen ..." (99).[32] „Religion der Erfahrung" steht für *„Wirklichkeit und Erleben"*, Religion der Phantasie für *„Dichtung und Symbol"* (88), „Sage", „Wunschwelt" (86), „Traumwelt" (97). Religiöse Phantasie und Phantasiereligion haben mit der Wirklichkeit, um die es in der Religion geht, nur zu tun, wenn sie auf das Gefühl der Erhobenheit und der Abhängigkeit zurückgeführt und als solche identifiziert werden können. Anders stehen sie in der Gefahr, sich zu eigenen Größen zu verselbständigen und damit zu Phantasmagorien und illusionär-fixen Ideen zu verkommen, die mit Religion im eigentlichen Sinn nichts mehr zu tun haben (vgl. 97).

---

32 Die daraus resultierenden unmittelbaren religionsunterrichtlichen Konsequenzen habe ich dargelegt in meiner Arbeit „Glaube und Erfahrung im religionspädagogischen Kontext", a. a. O., S. 56 ff.

Insgesamt ergibt sich daraus für Kabischs Verständnis von religiöser Phantasie und Phantasiereligion dreierlei:

Erstens ist damit eine Art „Realitätsprinzip" formuliert. Es kreist um die Alternative, ob man die Religion immer mehr sich „in das Reich der Phantasie, der Sage, der Wunschwelt" verflüchtigen lassen will, oder ob – wie in der Erfahrungsreligion – die Wirklichkeit „als die gezeigt wird, um die es sich in der Religion im letzten Grunde immerdar handelt, um das Verlangen des Endlichen und Kraftlosen nach der Unendlichkeit und Allmacht" (86).

Zweitens sind alle Vorstellungen und Symbole der Phantasiereligion bzw. der religiösen Phantasie grundsätzlich danach zu beurteilen, inwieweit sie den Anforderungen an die „Gehalte" der Erfahrungsreligion, nämlich jenen zentrierten Gefühlen der Unzulänglichkeit/Abhängigkeit und Erhobenheit/Kraftsteigerung, entsprechen. Tun sie dies, sind sie gebrauchsfähig und wahr. Tun sie das nicht, sind sie abwegig („Traumwelt") und schädlich. Von Bedeutung sind jene „Gefühlserfahrungen" also allein wegen ihres psychisch zentrierten Abhängigkeits- und Erhobenheitsgefühls. Für die Phantasiereligion, deren „Phantasieformen", Symbole und Vorstellungen bedeutet das: Das Wirklichkeitsgefühl im Sinne des (von mir) so genannten „Realitätsprinzips" muß sich des „inneren Gehalts" der „Phantasieformen" quasi als Transportmittel bemächtigen; dann gelten sie. Über die zentralen Gehalte solcher Gefühlserfahrung hinaus vermag aber die Phantasiereligion der Erfahrungsreligion nichts Essentielles hinzuzufügen.[33]

Drittens hat Phantasie bei Kabisch letztlich nur ausschmückende, ornamentale und rhetorische Bedeutung. Was sie zu sagen hat, reicht inhaltlich nicht über das hinaus, was sich mit kognitiver Begrifflichkeit deutlich und klar sagen läßt. Damit bleibt Phantasie unterbestimmt.

---

33 Die Vorstellung, daß die Phantasie biblischer Texte ein Erfahrungs- und Wirklichkeitspotential zuspielt, welches weit über die Gefühle der Erhobenheit und Abhängigkeit hinausreicht, ist Kabisch offenkundig unmöglich.

2.4. Kabischs Phantasieverständnis –
Versuch einer Bewertung

Durch den Rückgriff auf (religiöse) Phantasie, Gefühl, Erleben etc. konnte Kabisch über allen damaligen geist- und seelenlosen, stoff- und sachzentrierten Religionsunterrichtsbetrieb hinaus, der sich v. a. dogmatisch-orthodox (Lehre!) und damit kognitivistisch vollzog, auf das zentrale *Betroffen-* und *Berührtsein* durch Religion und das *Angesprochensein des ganzen Menschen* – „fühlend, wollend, vorstellend" (35) – aufmerksam machen. Dies ist sein bleibendes Verdienst. Sein Phantasie-Verständnis ist dabei im wesentlichen psychisch-affektiv, wodurch Phantasie in erster Linie als innerliche und methodisch-didaktische Größe bedeutsam wird. Es gelingt ihm aber meines Erachtens nicht, ein wirklich gehaltvolles und religionspädagogisch zureichendes Phantasieverständnis zu entwickeln. Dadurch nämlich, daß er religiöse Phantasievorstellungen kritisch am sachlichen Gehalt der Erfahrungsreligion bemißt, sind sie nur insoweit von Bedeutung, als sie sich, *funktional* gesehen, als Gefühl der seelischen Erhebung/Erhobenheit und schlechthinnigen Abhängigkeit äußern, darstellen und deklarieren lassen. Darüber hinaus hat Phantasie bei Kabisch keine sachlich-materiale Bedeutung. Damit aber wäre eingestanden, daß religiöse Phantasie essentiell nichts an religiöser Erfahrung birgt, was über jene gesteigerten Gefühlserlebnisse der Erfahrungsreligion hinausreichte. Verständnis und Behandlung biblischer Texte durch Kabisch demonstrieren dies hinlänglich deutlich. Ob er aber so das wirklichkeitsstiftende und -verändernde Potential des jüdisch-christlichen Glaubens wirklich in den Blick bekommt, bleibt fraglich. Wenn christliche Religion auf die Erfahrungen reduziert wird, die „natürlich" jeder Mensch machen kann, dann kann sie zwar zu „besonderen Erlebnissen", aber nicht zu wirklichkeitserweiternder Realitätswahrnehmung verhelfen. Phantasie – als „Gefühl" eine innere, seelische Größe – bewegt sich eigentlich „nur neben der Realität und nicht in ihr"[34]. Da sie bei

---

34 E. Grassi, a. a. O., S. 38.

Kabisch keine Innovationsfähigkeit hat, leistet sie letztlich keinen Beitrag zu einer veränderbaren, neuen Sicht der Wirklichkeit.[35]

Am Ende erweist sich der Blick in ein exemplarisches Kapitel religionspädagogischer Problemgeschichte zur Sache Phantasie zumindest aus zwei Gründen als lehrreich. *Zum einen* kann er zeigen, wie es bei aller religionspädagogischen und theologischen Vernachlässigung des Begriffs und der Sache der Phantasie, hin und wieder doch zu einer positiven Annahme kommt, sei es nun peripher oder markant. *Zum anderen* läßt sich – wohl typisch für den religionspädagogischen Umgang mit dem in Rede stehenden Sachverhalt – ein schillernd-ambivalenter Gebrauch feststellen: Bei aller methodisch-didaktisch und psychologisch bedingten freudigen Nutzung und Inbrauchnahme bleibt Phantasie substantiell in ihrer theologisch-religionspädagogischen Relevanz für Wirklichkeit merkwürdig blaß und wird nicht wirklich produktiv.

3. Zur Wiedergewinnung von Phantasie für Theologie und Religionspädagogik

3.1. Glaube und Theologie

In Frömmigkeit und Alltagsreligiosität von Menschen allgemein, von Kindern im besonderen, hat die (religiöse) Phantasie schon immer eine zentrale Rolle gespielt.[36] Dies gilt gerade für Zeiten, in denen sich die offizielle akademische oder kirchenamtliche Theologie gegen sie sperrte und verwahrte. Vom in der katholischen Theologie geläufigen und wertgeschätzten Gedanken des „sensus fidelium" – das ist

---

35 Genau dies erhärtet den altbekannten Vorwurf an Religion: Sie zementiere geläufig-faktisches Wirklichkeitsverständnis und stabilisiere die Wirklichkeit des status quo, weswegen sie nichts anderes sei als ein ideologisches Überbausystem fern von Realität.

36 Dies zeigen sehr deutlich die Ausführungen über Kabisch im vorhergehenden und für die Gegenwart die Beiträge von H. Hanisch und I. Schoberth in diesem Band.

das „Glaubensgefühl von Menschen" – her ist heutige protestantische Theologie nachdrücklich an die bleibende Bedeutung und Unhintergehbarkeit der religiösen Phantasie für den Glauben zu erinnern. Christliche Religion hat zwar als Organisation und Institution heute an Anziehungskraft verloren, aber sie vermag weiterhin – wie Beispiele aus der Alltagsreligiosität zeigen – die religiöse Phantasie von Menschen zu stimulieren.[37] Deswegen bleibt unübersehbar, daß Theologie in der Regel große Scheu gehabt hat und noch hat, den Glauben mit Phantasie in Verbindung zu bringen, da letzterer immer der Geruch des Illusionären und Obskuren anhaftete. Deswegen haben sich akademische Theologie und Kirchen in aller Regel vor der Phantasie generell oder zumindest vor zuviel Phantasie durch Rückgriff auf bestimmte Defensivstrategien wie Dogma, begriffliches Denken, reine Lehre (v. a. im Protestantismus), Bibel als „Wort Gottes", Bilderverbot, Mythoskritik etc. geschützt.[38] So mag es zumindest ungewöhnlich erscheinen, die Bedeutung der Phantasie für den christlichen Glauben und die Religion zu untersuchen. Auf Dauer kann sich aber die Theologie dieser Aufgabe nicht verschließen.[39]

Das hinter der Phantasie-Phobie steckende zentrale theologische Problem ist, daß sich Theologie und Kirche(n) seit zweihundert Jahren in einem wissenschaftlich-rational geprägten Fahrwasser bewegen. Im Zuge der Rationalisierung alles Denkens und der Verhältnisse seit der Neuzeit geriet auch die Theologie in den Sog einer nahezu „allmächtigen"

---

37 Vgl. J. van der Lans, Religiöse Universalien in der Psychologie des Selbst, in: J. A. van der Ven (Hg.), Religiöser Pluralismus und Interreligiöses Lernen, Weinheim 1994, S. 83.
38 Vgl. dazu E. Rolffs, Art. Phantasie, in: RGG², Bd. 4, Tübingen 1930, Sp. 1177 (1174 ff.).
39 Es ist erstaunlich, was Martin Rade in seiner „Glaubenslehre" Bd. 1, Gotha 1926, S. 348 formuliert hat: „Es ist eine unbegreifliche Tatsache, daß sich die evangelischen Glaubenslehren und die zahllosen Untersuchungen über Religion so wenig mit der einschlägigen Bedeutung der Phantasie auseinandersetzen. Genug, wenn wir das Wort Phantasie brauchen, liegt darin kein wegwerfendes Urteil. Es kommt alles darauf an, welche Wege die Phantasie geht und welchen Anspruch sie macht."

Vernunft. Vernunft aber, die auf die sichere Erkenntnis der Wirklichkeit aus ist, wurde in der Regel als im Gegensatz zur Phantasie stehend begriffen. Wo theologische Wissenschaft zudem meint, nur „historisch" arbeiten zu dürfen, obsiegt neuerlich die menschliche Ratio. Dadurch verlieren Theologie und Kirche(n) etliche ihrer ureigensten und grundständigen Potentiale und Möglichkeiten, wie die der Phantasie, Poesie, Ästhetik und Spiritualität. Damit bleiben sie der Lebenswirklichkeit merkwürdig fern und „akademisch". Doch setzen mittlerweile religiöse Menschen und da und dort auch Theologie auf Agenturen der Phantasie, bildnerisch-ikonographisches Weltwahrnehmen, auf Metaphorik, Ästhetik, Poesie, Vorstellungskraft und Inspiration, Eingebung und Einfall. Von ihnen geht ganz eminent Wirkung aus und wird Wirklichkeit gebildet. Auch wenn es evangelische Grundüberzeugung ist, daß der „Glaube aus dem Hören" kommt (vgl. Röm 10,17), gilt dies doch nicht im Sinne eines „allein", so wichtig Wort und Hören auch sind.[40] Der Protestantismus als Wort-Religion hat Nachholbedarf an Ausdruck, Zeichen, Ästhetik, Gestalt und Versinnlichung.

3.2. Erweitertes Wirklichkeitsverständnis

Einer langen Verstehenstradition zufolge hat Phantasie – wie gezeigt – nichts mit realer Wirklichkeit zu tun. Nur Vernunft und Ratio könnten mit dieser adäquat umgehen und sie aufschlüsseln. Phantasie meine Flucht aus der Wirklichkeit oder irrealen Traum aus der Wirklichkeit heraus. Bestenfalls stehe sie für einen Abwehrmechanismus des Ich, das sich „gegen Erschütterungen durch die immer weiter entfremdete Realität" abzuschotten versuche und schließlich nur noch als „Wahr-Zeichen der Entfremdung"[41] gelten könne. Phantasie wird hier letztlich ohne realen Anhalt an der Wirklichkeit

---

40 Dabei wird übersehen, wie oft religiöse, biblische Worte selbst ästhetisch sind, voller Phantasie, Poesie, Geist, Charme stecken, weit über bloßen Verbalismus hinaus.

41 E. Grassi, a. a. O., S. 36 u. 38.

gedacht. Auf dem Weg ins neue Jahrtausend erscheint es mir demgegenüber unabdingbar, Phantasie als essentiellen Bestandteil unserer Welterschließung und unseres kulturellen Gedächtnisses neu zu sichten und zu gewichten, nicht im Sinne ihrer Remythisierung, sondern im Sinne einer Rückbesinnung auf ihre fundamentale Bedeutung als *Einbildungs- und Vorstellungskraft im Kontext von Wirklichkeit.* Nun wissen wir in der Tat nicht mehr so genau wie früher, was „Wirklichkeit" ist,[42] und die Phantasie hat ja zunächst einmal ihren Wert in sich, unverzweckt und unbenutzt; man denke an die Kategorien des Ästhetischen, des Schönen, des Faszinierenden etc. Aber ein entscheidender Grundzug ihres Wesens ist darüber hinaus, daß sie auf Wirklichkeit Bezug nimmt und sich mit ihr auseinandersetzt. Dabei greift ein rein empirischer, rationaler und kognitiver Wirklichkeitsbegriff entschieden zu kurz, weil er die Wirklichkeit in falscher Weise objektiv setzt und die *Wirklichkeit des Möglichen* nicht in den Blick bekommt.

Unter Phantasie können wir deswegen die kreative Einbildungs- und Vorstellungskraft[43] verstehen, die sowohl rezeptiv als auch produktiv, wirklichkeitsaneignend und wirklichkeitschaffend tätig ist. Sie meint das inspirierte Vermögen des Menschen, Vorstellungen und Bilder über Gegebenes hinaus zu entwerfen. Ihre Fähigkeit zu Imagination, Fiktion (Bildung) und Projektion (Entwurf) zeigt sich im Heraustreten aus fixierter, harter und eindeutiger Realität in freie und offene Möglichkeitsfelder. Die Vorstellungsbildungen der

---

42 Zum einen liegt das daran, daß das cartesianische Konstruktionsmodell von Wirklichkeit mittels verfügender zeitloser Subjektivität und raumzeitlicher Objektivität gründlich in die Krise geraten ist; zum anderen ist in der Postmoderne angesichts des tendenziellen Zusammenfalls von „Imaginärem" in Kunst, Literatur, Medien, Comics, Science-Fiction, virtual reality und „Realem" in der menschlichen Erfahrung gar nicht mehr so klar, was wirklich ist, „so daß das quasi selbstverständliche Realitätsprinzip der Moderne fortschreitend außer Kraft gesetzt wird"; D. Kamper, Wiederverzauberung der Welt, in: A. Schöpf (Hg.), Phantasie als anthropologisches Problem, Würzburg 1981, S. 13.
43 Vgl. dazu B. Räntsch-Trill, Phantasie, Bonn 1996 sowie J. W. Dixon, Art. Phantasie, in: EKL[3], Bd. 3, Göttingen 1992, Sp. 1175 f.

Phantasie können ein wirksames Mittel zur Verflüssigung und Umkehrung des sog. normalen Realitäts-Bewußtseins sein. Darin ist die Phantasie die Quelle aller schöpferischen Möglichkeiten des Menschen. Konkret wird sie in den Kräften und Phänomenen der Kreativität, Vorstellungsbildung, Ein-Bildung, Invention, Imagination und Inszenierung. Nicht mehr länger nur schmückendes Beiwerk und Ornament ist Phantasie eine produktive, nicht bloß rhetorische, sondern wirklichkeitsschaffende und -verändernde Macht.[44]

3.3. Von der Einbildungskraft des Glaubens

Wenn die Phantasie für alle Lebensgebiete eine positive Bedeutung hat, dann gilt dies auch im Bereich von Glaube und Religion. Versteht man Phantasie als die inspirierte menschliche Begabung, Vorfindliches durch Einbildungs- und Vorstellungskraft sich ebenso anzueignen wie zu überschreiten, dann haben christlicher Glaube und Religion elementar mit Phantasie zu tun, weil in ihrem Zentrum der Gott steht, der das „Nichtseiende ins Sein ruft" (Röm 4,17). Religiöse Phantasie als Einbildungskraft des Glaubens schafft und verändert Wirklichkeit. Es gehört zu den Eigentümlichkeiten des Glaubens, daß er die Alltagswirklichkeit unterbricht und sie als ausschließliche Erfahrungsgrundlage bestreitet. Religiöse Phantasie vermag es, unseren eingefahrenen Alltagsrealitäten erweiterte Möglichkeiten zuzuspielen. Die Phantasie des Glaubens läßt Wirklichkeit anders und neu sehen. Ihre Elementarität besteht darin, daß sie Leben, Welt und Wirklichkeit neu belichtet und die Begrenztheiten unseres oft objektivistischen Wirklichkeitsverständnisses zeigt. Sie „spricht der Wirklichkeit notwendigerweise mehr zu, als das jeweilige Wirkliche aufzuweisen hat"[45]. Religiöse Phantasie entfernt sich, theologisch gesprochen, „im Modus des Entwurfs" von gegebener Wirklichkeitserfahrung. Deswegen

---

44 Vgl. E. Grassi, a. a. O.
45 E. Jüngel, Metaphorische Wahrheit, in: P. Ricoeur/E. Jüngel, Metapher, München 1974, S. 71.

kann sich der Glaube nicht mit einem eindimensionalen Wirklichkeitsverständnis abfinden. Religiöse Phantasie bringt „harte Realitäten" ins Schwingen und zeichnet sie veränderbar. So entdeckt sie der Wirklichkeit innewohnende Möglichkeiten und Chancen und zeigt, „was sein könnte" (Th. W. Adorno).

Phantasie ist damit nicht nur ein Appendix des Glaubens und der Theologie, sondern hat zentral mit Glaube und Theologie zu tun. Entscheidend für den Glauben ist ja die „daseinskonstitutive Beziehung Gottes"[46] zu aller Weltwirklichkeit. Sie ereignet sich zum einen in geschichtlichen Zusammenhängen, zum anderen so, daß der Glaube kreativ-schöpferisch und veränderungsfähig neue Sichten der Wirklichkeit erschließt und uns „Spielräume des Möglichen"[47] eröffnet. Entsprechend kommt es heute darauf an, die (religiöse) Phantasie in ihrer Bedeutung für den Glauben und die Theologie wieder zu entdecken, nicht nur für Teilbereiche des theologischen Systems wie die Anthropologie[48] und die Eschatologie. Ist Gott Inspirator und Imaginator, dann gehört Phantasie zur Grundstruktur des Glaubens und der Theologie.

Theologisch-religionspädagogisch kommt es heute auf dreierlei an:

Erstens ist Phantasie in den Texten des Ersten bzw. Alten und Zweiten bzw. Neuen Testaments in ihrer bunten Vielfalt aufzuspüren und zu nutzen. Ob nun in den Psalmen oder in den Evangelien und ihren Gleichnissen, es begegnet uns hier ein bis dato (in dieser Sichtweise) weitgehend ungehobener Schatz religiöser Phantasien, der nicht „der abgedroschenen Geschichte des Wirklichen, sondern der unverbrauchten Geschichte eines Möglichen das Wort" redet.[49] Diesbezüglich

---

46 W. Härle, Dogmatik, Berlin/New York 1995, S. 212.
47 Vgl. dazu D. Tracy, The Analogical Imagination and the Culture of Pluralism, New York 1986.
48 W. Pannenberg, Anthropologie, Göttingen 1983, S. 65 ff. hat immerhin auf die Bedeutung der Phantasie für die theologische Anthropologie hingewiesen.
49 Im Anschluß an W. Harnisch, Die Gleichniserzählungen Jesu, Göttingen 1985, S. 307; vgl. auch den Beitrag von U. Schorn und M. Müller in diesem Band.

bedarf es dringend der Korrektur eines historistischen Miß-
verständnisses christlicher Religion im allgemeinen und biblischer Texte im besonderen, so als sei nur das wahr und
relevant, was historisch verifizierbar und rational sei. Vielmehr sollten wir uns mit der neueren Literaturwissenschaft[50]
erinnern lassen, was Friedrich Schiller vor über 200 Jahren
formuliert hat, nämlich „wie wenig die poetische Kraft des
Eindrucks, den sittliche Charaktere oder Handlungen auf
uns machen, von ihrer *historischen Realität* abhängt. Unser
Wohlgefallen an idealischen Charakteren verliert nichts
durch die Erinnerung, daß sie poetische Fiktionen sind, denn
es ist die *poetische*, nicht die historische Wahrheit, auf welche alle ästhetische Wirkung sich gründet. Die poetische
Wahrheit besteht aber nicht darin, daß etwas wirklich geschehen ist, sondern darin, daß es geschehen konnte, also in
der inneren Möglichkeit der Sache. Die ästhetische Kraft
muß also schon in der vorgestellten Möglichkeit liegen."[51]
„Fiktion" ist literarisch und literaturwissenschaftlich keine
„Illusion", die den Einblick in die Wirklichkeit verstellt, sondern im Gegenteil eine sprachliche Möglichkeit, die intensi-
vierten Einblick in Wirklichkeit verschafft. Theologie und
Religionspädagogik müssen sich deswegen heute selbstkri-
tisch fragen, ob die Bedeutung und theologische Qualität
von biblischen Texten nicht vielmehr in deren *Wirkungen*
und *Wirklichkeiten*, die sie freisetzen, liegt und nicht in deren historischer Faktizität.[52] Auf jeden Fall im Ersten bzw.
Alten Testament, aber auch in der Jesusüberlieferung und im
neutestamentlichen Briefkorpus ist mit einem hohen Anteil
von Fiktion und ver-dichtender Phantasie zu rechnen. Beispielsweise handelt es sich bei der Erzählung von Abrahams

---

50 Siehe das Interview mit dem Literaturwissenschaftler P. H. Neumann in
   diesem Band.
51 F. Schiller, Über das Pathetische, in: Schiller Nationalausgabe, Bd. 20,
   (Philosophische Schriften – Erster Teil), hg. v. L. Blumenthal und B. v.
   Wiese, Weimar 1962, S. 217 f.
52 Vgl. dazu K. Huizing, Die Bibel. Postmoderne Gebrauchsanweisung, in:
   B. Beuscher (Hg.), Prozesse moderner Wahrnehmung, Wien 1996,
   S. 119 ff.

Glauben (Gen 15,1–6) mit sehr großer Wahrscheinlichkeit um eine literarische Fiktion oder Verdichtung, in der die Überlieferung von der Verheißung zahlreicher Nachkommenschaft an Abraham dargestellt wird. Obwohl es sich hier also um keinen historischen Sachverhalt handeln dürfte, hat dieser Text prägende Kraft für Israels und noch des Apostels Paulus Glaubensverständnis bekommen und wirkt bis heute nach. Dies zeigt: Ein nicht-historischer Text vermag als literarische Fiktion Wirklichkeit zu schaffen. Ist das nicht ein Ausweis seiner Inspiriertheit und kreativen Kraft?[53]

Zweitens können wir allerlei unterschiedliche, „kräftige" religiöse Phantasiebilder und -vorstellungen aus dem Gedächtnis der theologischen Tradition erheben; ihr Alter ist dabei noch kein Beweis ihrer Untauglichkeit oder Ungeeignetheit.

Drittens ist die lebendige religiöse Phantasie von Kindern, Jugendlichen und Erwachsenen heute eine unerschöpfliche Ressource nicht nur für phantasievolles Reden von Gott und vom Glauben, sondern für die schaffenden und verändernden Inspirations- und Imaginationspotentiale von Menschen. Ihre Phantasie in gelebter Religiosität muß im Entdeckungszusammenhang theologisch-religionspädagogischen Fragens und Forschens berücksichtigt werden, weil wir so einen Einblick in die religiösen Deutungsmuster von Menschen bekommen. Das Thema Religion und Phantasie ist also nicht allein biblisch und dogmatisch zu bestreiten, sondern erfordert dringend auch Wahrnehmungsfähigkeit für heutige religiöse Phantasie in der Lebenswelt.[54] Die religiösen Phantasien von Kindern und Jugendlichen legen es nahe, Kinder und Jugendliche nicht länger als nur passiv-rezeptive Wesen zu sehen, sondern sie als aktiv-schöpferische Subjekte zu begreifen, de-

---

53 Vgl. dazu W. Pannenberg, Das Irreale des Glaubens, in: Funktionen des Fiktiven, hg. v. D. Henrich und W. Iser, München 1983, S. 32.

54 Vgl. außer den Beiträgen von I. Schoberth und H. Hanisch die grundlegenden Ausführungen in H.-G. Heimbrock (Hg.), Religionspädagogik und Phänomenologie. Von der empirischen Wendung zur Lebenswelt, Weinheim 1998; W.-E. Failing/H.-G. Heimbrock (Hg.), Gelebte Religion wahrnehmen, Stuttgart 1998.

ren subjektive Religiosität und Phantasie gerade in ihrer Eigenständigkeit geachtet werden müssen. Wie es aussieht, haben Kinder und Jugendliche, gelegentlich auch Erwachsene, oft noch etwas von der Kraft und der Inspiration der spielerischen Phantasie, die den All-Tag „über-spielen" und ihn neu in Szene setzen kann. Entwicklungspsychologisch, pädagogisch, theologisch und religionspädagogisch darf kindliche Phantasie nicht länger übersehen oder gar abgewertet werden. Kindliche Phantasien können exemplarische und elementare „Lernmittel" gegen Resignationsmentalitäten sein, denn sie sind sehr häufig noch nicht so einem vermeintlichen Realitätsprinzip angepaßt, daß sie nicht phantasierend Grenzen durchdringen und aufheben könnten. Und haben nicht kindliche Phantasien und die jüdisch-christliche Tradition bei allen Unterschieden im einzelnen wie im grundsätzlichen *ein großes gemeinsames Thema*, nämlich die unauslöschliche Hoffnung auf einen „neuen Himmel und eine neue Erde" (Offb 21)?[55]

3.4. Religiöse Phantasie als Gestalt des Glaubens

Phantasie ist meines Erachtens eine notwendige und legitime Gestalt jüdisch-christlichen Glaubens. In ihr sind Eingebung bzw. Inspiration („göttlicher Einfall") *und* schöpferisches Vorstellen und Tun des Menschen („produktive Tätigkeit") eine innige und unauflösliche Verbindung eingegangen. Phantasie äußert sich in *vielfältigen Phänomenen und Gestalten* wie

– Bildern, Träumen und Visionen[56]
– Meditation

---

55 Vgl. dazu W. H. Ritter, Wundergeschichten für Grundschulkinder, in: F. Harz/M. Schreiner (Hg.), Glauben im Lebenszyklus, München 1994, S. 148 f.
56 Vgl. Ch. Morgenthaler, Der religiöse Traum, Stuttgart 1992; beispielhaft kann dafür jene bekannte und oft angeführte Rede „Ich habe einen Traum" des schwarzen Baptistenpfarrers M. L. King stehen, die er in Washington D. C. gehalten hat.

- Tanz
- Beten[57]
- dem Anzünden einer Kerze[58]
- bildnerischem Gestalten
- Singen[59]
- Erzählen[60].

Phantasie verleiht dem Glauben Ausdruck, gibt ihm ein „Gesicht" und eine „Gestalt", sie macht anschaulich, konkret und sichtbar, was der Glaube verheißt und sehen läßt. Wo Glaube eine Gestalt annimmt und sinnenfällig wird, vermag er den *ganzen Menschen* zu betreffen. Mit der Phantasie ist es wie mit dem Tanz, von dem vermutlich der Kirchenvater Augustin geschrieben hat: „Ich lobe den Tanz, denn er befreit den Menschen von der Schwere der Dinge, bindet den Vereinzelten zu Gemeinschaft. Ich lobe den Tanz, der alles fordert und fördert, Gesundheit und klaren Geist und eine beschwingte Seele. Tanz ist die Verwandlung des Raumes, der Zeit, des Menschen, der dauernd in Gefahr ist zu zerfallen, ganz Hirn, Wille oder Gefühl zu werden. Ich lobe den Tanz, o Mensch, lerne tanzen, sonst wissen die Engel im Himmel nichts mit dir anzufangen." So wie der Tanz vermag auch die Phantasie zu befreien, zu fordern und zu fördern, sie kann verwandeln und integrieren. Sie beflügelt, inspiriert, beatmet Menschen und macht sie wirklichkeits- und lebenstauglich, zielt also nicht auf eine religiöse Sonderwelt

---

57 Wer ein Gebet spricht, fängt schon mit Veränderungen an; vgl. dazu W. H. Ritter, Art. Gebet, in: R. Lachmann/G. Adam/W. H. Ritter, Theologische Schlüsselbegriffe, Göttingen 1999, S. 74 ff.

58 Wer ein Licht in der Finsternis anzündet, der erinnert schon an den Anfang des Tages. – Der Spielfilm „Nikolaikirche" (1995), in dem es um die friedliche Oktoberrevolution in der alten DDR (1989) geht, endet mit den Worten des Genossen Generals so: „Wir waren auf alles eingestellt, nur nicht auf Kerzen und Gebete"; vgl. dazu auch E. Loest, Nikolaikirche, Leipzig 1995.

59 Wer singt, unterbricht Alltagsrealität und erhebt sich in einem Akt der „De-Reflexion" (V. E. Frankl) über sie.

60 Erzählen ist eine verdichtende und verdichtete Weise, mit der Wirklichkeit „fiktiv", d. h. bildend-schaffend umzugehen.

neben oder hinter der Alltagswelt, sondern auf letztere.[61]
Über (religiöse) Phantasie, Poesie und Ästhetik, d. h. Wahrnehmung von Bildern, Gestalten etc., kann der Glaube in Gestalt und Gestalten von Menschen produktiv subjektiv angeeignet werden. Dieser Grundzug der Produktivität – und nicht nur Rezeptivität – im geistigen Leben des Menschen wird ja neuzeitlich insgesamt in den Vordergrund gerückt. Die Phantasie ist aber solch ein Ausdruck produktiver Tätigkeit des Menschen, die sich Glauben und Religion je subjektiv zu eigen macht. So muß es heute nicht verwundern, wenn religiöse Phantasie im Alltag von Menschen – und auch ansatzweise in der Theologie – wiederkehrt. Sie ist der sichtbare, spürbare und Gestalt gewordene *Ausdruck der Sehnsucht nach sinnlicher Religion und veränderbarer Wirklichkeit.*

---

61 Religiöse Phantasie muß sich daran messen lassen, ob sie sich aus der Wirklichkeit davonstiehlt und in eine Sonderwirklichkeit flüchtet, oder ob sie Menschen kurz- oder langfristig wirklichkeitsfähiger macht, d. h. zur inspirierend-kreativen Auseinandersetzung mit Alltagswirklichkeit befreit.

Die Autoren

Helmut Hanisch, Dr. phil, geboren 1943 in Breslau, seit 1992 Professor für Religionspädagogik an der Universität Leipzig. Hauptarbeitsgebiete: Empirische Religionspädagogik, Religionspsychologie, Religionsdidaktik, Schulbuchentwicklung für den Religions- und Ethikunterricht.

Walter Jens, Dr. phil. Dr. h. c. mult., geboren 1923 in Hamburg, von 1962 bis 1988 Professor für Klassische Philologie und Allgemeine Rhetorik an der Universität Tübingen. Hauptarbeitsgebiete: Gräzistik, Theologie, Rhetorik, Germanistik, Verfasser belletristischer, essayistischer, wissenschaftlicher Arbeiten.

Markus Müller, Dr. theol., geboren 1964 in Dietersheim, von 1991 bis 1996 Wissenschaftlicher Mitarbeiter, seit 1996 Wissenschaftlicher Assistent am Institut für Neues Testament an der Friedrich-Alexander-Universität Erlangen-Nürnberg. Hauptarbeitsgebiete: Paulusbriefe, Texthermeneutik, Matthäusevangelium.

Peter Horst Neumann, Dr. phil., geboren 1936 in Neiße/Oberschlesien, Professor für Literaturwissenschaft (Neuere deutsche Literatur), von 1968 bis 1980 in Freiburg/Schweiz, von 1980 bis 1983 in Gießen, seit 1983 an der Friedrich-Alexander-Universität Erlangen-Nürnberg. Hauptarbeitsgebiete: Deutsche Romantik, Jean Paul, Geschichte der deutschen Lyrik vom Barock bis zur Gegenwart.

Werner H. Ritter, Dr. theol. Dr. phil. habil., geboren 1949 in Weissenburg, seit 1987 Professor für Evangelische Theologie mit Schwerpunkt Religionspädagogik und Didaktik des Religionsunterrichts an der Universität Bayreuth. Hauptarbeitsgebiete: Theologische Elementarisierung, religionspädagogische Grundsatzfragen, fachdidaktische Erschließung religiöser Themen, Erforschung religiöser Gegenwartskultur.

Ingrid Schoberth, Dr. theol. Dr. theol. habil., geboren 1958 in Pegnitz, seit 1999 Professorin für Religionspädagogik und Didaktik des Evangelischen Religionsunterrichts an der Bergischen Universität Gesamthochschule Wuppertal. Hauptarbeitsgebiete: Grundfragen der Praktischen Theologie, Religionspädagogik und ihre ästhetischen Perspektiven, Religionspädagogik und Ethik, Homiletik.

Wolfgang Schoberth, Dr. phil. Dr. theol. habil., geboren 1958 in Erlangen, seit 1995 Professor für Evangelische Theologie mit Schwerpunkt Systematische Theologie und theologische Gegenwartsfragen an der Universität Bayreuth. Hauptarbeitsgebiete: Schöpfungstheologie, Theologische Ästhetik, Philosophische Theologie.

Ulrike Schorn, Dr. theol., geboren 1964 in Nürnberg, Pfarrerin z. A., von 1991 bis 1995 Wissenschaftliche Mitarbeiterin am Lehrstuhl für Alttestamentliche Theologie in Erlangen, seit 1999 Wissenschaftliche Assistentin am Seminar für Altes Testament und Biblische Archäologie an der Johannes Gutenberg-Universität in Mainz. Hauptarbeitsgebiete: Pentateuch, Psalmen, Biblische Archäologie.

Der Prophet, der Wal und die moderne Literatur

Jona ist der Rebell unter den Propheten; der Verkünder, der mit seinem Gott hadert. Beim Versuch, dem Propheten-Amt zu entfliehen, erlebt er Abenteuer, wie sie kein Sterblicher kennt. Sein schwieriger Charakter und seine phantastischen Erlebnisse waren und sind ein Stoff für Dichter. Kaum eine andere Figur aus dem Alten Testament hat die Schriftsteller gleichermaßen fasziniert, jüdische ebenso wie christliche, gläubige ebenso wie ungläubige.

Hermann Melville und Elias Canetti, Mordechai Strigler und Uwe Johnson, Günter Eich und Paul Auster, Carlo Collodi und viele mehr haben über Jona geschrieben: über seinen Streit mit Gott, seine Zeit im Bauch des Wals, seine Zweifel, seine Strenge in Ninive und seine Einsamkeit. Der Band versammelt 18 eindrucksvolle Adaptionen, kundig kommentiert aus literaturwissenschaftlicher und theologischer Perspektive.

Simone Frieling (Hg.)

Der rebellische Prophet

Jona in der modernen Literatur

Mit einem literaturwissenschaftlichen Vorwort von Dieter Lamping und einem theologischen Nachwort von Rüdiger Lux.
Sammlung Vandenhoeck.
1999. 132 Seiten, 7 Abbildungen, Paperback
ISBN 3-525-01225-X

V&R
Vandenhoeck & Ruprecht

Biblisch-theologische Schwerpunkte

Bei Subskription der Reihe etwa 10% Ermäßigung

V&R
Vandenhoeck
& Ruprecht